数据驱动下的高速公路交通状态评价与运营服务优化技术

傅柏先　王　昊　常志宏　崔　建　康传刚　著

人民交通出版社

北　京

内 容 提 要

本书系统性地阐述了高速公路交通状态评价与运营服务优化技术,全书共 7 章,主要包括绪论、高速公路交通数据采集与质量管理、高速公路多源交通数据融合方法、全路网交通流状态动态演化机理研究、高速公路出行行为分析方法及应用、高速公路出行诱导技术研究、数据驱动的高速公路精细化运营管理。

本书可供高速公路运营管理工程技术人员学习参考。

图书在版编目(CIP)数据

数据驱动下的高速公路交通状态评价与运营服务优化技术 / 傅柏先等著. — 北京:人民交通出版社股份有限公司,2024.12. — ISBN 978-7-114-19674-4

Ⅰ.U238

中国国家版本馆 CIP 数据核字第 2024UX9001 号

Shuju Qudong xia de Gaosu Gonglu Jiaotong Zhuangtai Pingjia yu Yunying Fuwu Youhua Jishu

书　　名:	数据驱动下的高速公路交通状态评价与运营服务优化技术
著 作 者:	傅柏先　王　昊　常志宏　崔　建　康传刚
责任编辑:	崔　建
责任校对:	赵媛媛　卢　弦
责任印制:	刘高彤
出版发行:	人民交通出版社
地　　址:	(100011)北京市朝阳区安定门外外馆斜街 3 号
网　　址:	http://www.ccpcl.com.cn
销售电话:	(010)85285857
总 经 销:	人民交通出版社发行部
经　　销:	各地新华书店
印　　刷:	北京市密东印刷有限公司
开　　本:	720×960　1/16
印　　张:	13.25
字　　数:	237 千
版　　次:	2024 年 12 月　第 1 版
印　　次:	2024 年 12 月　第 1 次印刷
书　　号:	ISBN 978-7-114-19674-4
定　　价:	78.00 元

(有印刷、装订质量问题的图书,由本社负责调换)

前言 >>>

随着经济、社会的不断发展,我国高速公路行业呈现快速发展的势头。截至2023年底,我国已拥有高速公路18.36万公里,高速公路里程稳居全球第一。但是从整体来看,我国高速公路的交通供给仍然难以满足日益增长的交通需求,运行效率、交通安全等问题随着交通出行需求的不断增加也逐渐表现出来,造成高速公路通行能力及服务水平显著下降。因此,如何在现有的资源和空间情况下,提高高速公路运行效率和出行服务水平,成为高速公路行业亟待解决的难题。其中,高速公路交通运行状态的科学评价和运营服务质量的提升是解决以上问题的关键方法和途径,受到交通管理部门和高速公路运营单位的关注。

随着智能化、信息化、数字化技术的发展和国家政策的支持,大数据和人工智能技术为高速公路高效交通管理和优质出行服务提供了强大的驱动力。如何通过智能手段与大数据分析技术从海量交通数据中挖掘复杂的交通状态变化规律,持续优化运营服务水平,成为高速公路行业的重要发展方向。

本书以多源异构高速公路数据为基础,对高速公路交通运行状态分析、出行行为分析、出行诱导以及精细化运营管理技术展开深入研究,目的是从大数据角度来刻画和评价高速公路路网交通状态以及高速公路运营服务管理,为管理部门提升高速公路运输效率和运营服务管理水平提供理论和数据支撑,同时为出行者提供实时、易于理解的交通信息,协助出行者作出更好的出行决策。

　　本书主要包括以下内容:第1章简要介绍高速公路交通状态评价和运营服务现状等内容;第2章提出交通数据检测器布设方法,构建数据质量评价体系,设计异常数据识别与修复方法;第3章阐述高速公路多源交通数据融合的框架和方法,并详细介绍基于多源数据融合的高速公路交通量预测方法;第4章建立适用于高速公路与普通国省道的交通状态评价指标体系,剖析路网交通拥堵演化过程及突变机理,提出基于时间序列的交通流状态预判模型;第5章提出高速公路用户出行调查方案,构建交通出行行为模型,对出行行为特性、行为选择机理及行为组合决策等方面进行深入分析;第6章详细阐述了高速公路出行诱导信息内容和诱导发布方式,构建交通流分配模型和车辆轨迹模型以及出行诱导标志选址模型;第7章构造面向高速公路服务水平提升的精细化营销决策模型,研究高速公路精准营销策略效能评估与反馈机制,完善高速公路收费管理策略以及收费定价模型。

　　本书由傅柏先、王昊、常志宏、崔建、康传刚所著,李镇、张萌萌、刘凯、郭亚娟、李甜、桑惠云和张洁等也参与了本书的编写,感谢他们的辛勤付出。

　　感谢山东高速股份有限公司和山东交通学院的支持。本书撰写中借鉴和参考内容已列出,但难免疏漏,在此谨向文献作者一并致谢。

　　由于作者水平有限,书中难免存在不妥及疏漏之处,恳请读者给予批评指正。

作　者
2024年3月

目录

第 1 章　绪论 ··· 1

　　1.1　研究背景与意义 ································· 1
　　1.2　国内外研究现状 ································· 3
　　1.3　本书内容与章节安排 ····························· 7
　　本章参考文献 ··· 8

第 2 章　高速公路交通数据采集与质量管理 ············· 12

　　2.1　研究现状 ··· 12
　　2.2　高速公路交通数据分类及检测技术 ············· 18
　　2.3　高速公路交通数据检测器布设方法 ············· 23
　　2.4　高速公路交通数据质量评价方法 ··············· 26
　　2.5　高速公路交通数据质量控制技术 ··············· 30
　　2.6　本章小结 ··· 36
　　本章参考文献 ··· 36

第 3 章　高速公路多源交通数据融合方法 ··············· 41

　　3.1　研究现状 ··· 41
　　3.2　多源交通数据融合框架 ·························· 44
　　3.3　多源交通数据融合方法 ·························· 47
　　3.4　基于数据融合的高速公路交通量预测 ·········· 54
　　3.5　本章小结 ··· 61
　　本章参考文献 ··· 61

第 4 章　全路网交通流状态动态演化机理研究 ……………… 64

4.1　研究现状 …………………………………………… 64
4.2　全路网交通状态评价指标体系构建 ……… 70
4.3　路网交通拥堵演化机理剖析 ………………… 74
4.4　全路网交通流状态预判模型 ………………… 83
4.5　本章小结 …………………………………… 104
本章参考文献 …………………………………… 105

第 5 章　高速公路出行行为分析方法及应用 ……………… 110

5.1　研究现状 …………………………………… 110
5.2　交通出行行为调查 ………………………… 114
5.3　出行选择行为调查实例及影响因素统计
　　分析 ………………………………………… 123
5.4　基于效用理论的出行行为模型构建 ……… 129
5.5　基于有限理性理论的出行行为模型构建 … 135
5.6　本章小结 …………………………………… 138
本章参考文献 …………………………………… 139

第 6 章　高速公路出行诱导技术研究 ……………………… 143

6.1　出行诱导技术国内外研究现状 …………… 143
6.2　高速公路出行诱导信息内容与诱导发布
　　方式 ………………………………………… 148
6.3　高速公路出行诱导路径优化方法 ………… 151
6.4　高速公路出行诱导标志布设技术研究 …… 166
6.5　本章小结 …………………………………… 168
本章参考文献 …………………………………… 168

第 7 章　数据驱动的高速公路精细化运营管理 …………… 173

  7.1　高速公路服务能力提升方法与策略 ……… 173
  7.2　高速公路服务精准化营销策略与方法 …… 177
  7.3　高速公路收费管理策略及收费定价模型 … 190
  7.4　本章小结 ……………………………………… 195
  本章参考文献 ……………………………………… 196

附录 ……………………………………………………… 198

  附录 1　物流企业调查问卷 ……………………… 198
  附录 2　货运车辆驾驶员调查问卷 ……………… 199
  附录 3　服务区、收费站货运车辆驾驶员
      调查问卷 ………………………………… 200
  附录 4　客运车辆交通调查问卷 ………………… 202

绪论

1.1 研究背景与意义

1.1.1 研究背景

高速公路作为国家重要的交通基础设施,具有通行能力大、行程速度快、运输效率高的特点。高速公路不仅仅承担着运送客流、物流的功能,对沿线途经区域经济的发展、产业的拉动、旅游的促进等也具有十分重要的作用。

我国高速公路建设始于20世纪80年代,伴随着经济和社会发展,高速公路建设里程不断增长,截至2023年底,我国高速公路里程达18.36万公里,稳居全球第一。未来,随着全国各个经济区域之间互联互通的不断深入,高速公路建设需求还会不断增长,建设里程将持续增加。图1-1所示为2017—2022年我国高速公路里程及增长率情况。

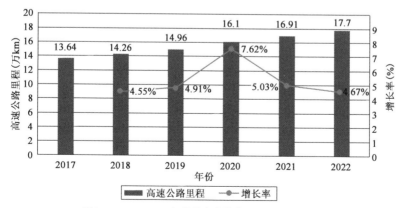

图1-1 2017—2022年我国高速公路里程及增长率情况

尽管高速公路里程增加和路网密度提升可以在一定程度上缓解快速增长的交通出行需求压力,但是从整体来看,我国高速公路的交通供给仍然难以满足日益增长的交通需求。交通安全、运行效率、突发事件等问题随着交通出行需求的不断增加也日益凸显。目前,如何在现有的资源和空间下,提高高速公路运行管理效率和出行服务水平,成为亟待解决的交通难题。同时,随着智能化、信息化、数字化技术的发展和国家政策的支持,我国高速公路的建设逐渐进入数字化和智慧化阶段,大数据和人工智能技术为高速公路高效交通管理和优质出行服务提供了强大的驱动力。因此,如何利用智能手段与大数据分析技术从海量交通数据中挖掘复杂的交通状态变化规律,持续优化运营服务水平,成为高速公路行业的重要发展方向。

1.1.2 研究意义

本书以多源异构高速公路数据为基础,对高速公路交通运行状态分析、出行行为分析、出行诱导以及精细化运营管理技术展开深入研究,具有如下意义:

(1)交通运行状态精准评价支撑高速公路路网高效运行。

高速公路结构复杂,包括匝道、流线交织区、桥梁等特殊路段;同时,高速公路通行还极易受到恶劣天气、突发交通事故以及道路改扩建和养护作业等多种因素的影响。这些因素导致高速公路路网交通运行状态存在非线性、复杂性等特点。准确掌握高速公路路网的交通运行状态,对于提升路网运行效率和服务水平具有十分重要的意义。一方面,精准的交通状态评价结果能够为高速公路运营管理者开展交通调度提供科学决策依据,实现路网交通压力的均衡;另一方面,分析和发布道路交通运行状态,能够帮助出行者避开拥挤路段,缩短行程时间,有效提高交通参与者的出行效率。

(2)用户出行优质服务缓解高速公路交通需求压力。

在过去很长一段时间,我国高速公路的发展重点是通过加快基础设施建设来缓解社会运输需求紧张的状况,这使得高速公路呈现出"重建设、轻运营"的管理模式。同时,由于我国一般采用的高速公路经营方式为政府直接管理或政府特许经营,使得高速公路的运营管理部门将自己定义为管理部门而非服务部门,最终导致高速公路运营管理部门服务意识淡薄。但是,随着生活水平的不断提高,人们对高速公路交通服务质量却提出了更高的要求。这导致当前高速公路运营服务质量与用户出行需求之间的矛盾日益严峻。所以,提高高速公路交通服务质量与运行水平迫在眉睫。

目前,高速公路运营管理部门正在积极探索各类运营管理的技术和方法。

通过对高速公路运营管理服务水平进行综合分析,帮助高速公路运营管理部门准确掌握高速公路交通服务的效果、清晰认识管理中存在的问题和缺陷,可以为高速公路运营管理部门进一步采取运营管理改善措施提供决策依据,也可以为高速公路运营管理科学化和规范化提供系统完整的评价指标体系。

(3)海量数据智能挖掘驱动高速公路管理持续优化。

大数据、人工智能技术的出现为高速公路交通管理与决策范式革新带来了新的思路。高速公路运营管理部门收集并储存了大量的高速公路运营相关数据,但这些数据以往仅仅被用作收费和稽查。现在,通过对多维高速公路运营数据进行治理和挖掘,可以激发数据的深层价值,从而推动高速公路运营管理与决策的转变和持续优化。

2021年12月,国务院印发的《"十四五"现代综合交通运输体系发展规划》提出要推动大数据、人工智能等新技术与交通行业深度融合,创新运营管理模式,以满足个性化、高品质出行需求。由此可见,不论是在理论技术研究还是在行业应用实践中,大数据驱动条件下的管理与决策机制都具有极其重要的含义和作用。交通大数据作为重要的信息资产,将在管理决策优化中发挥重要作用。

总之,对海量高速公路数据进行分析挖掘,开展路网交通运行状态的评价和预测,分析出行行为特征,进行出行诱导,研究高速公路精细化管理方法,对提高高速公路运行管理效率和出行服务水平具有重要的理论和现实意义。

1.2 国内外研究现状

本书从高速公路交通运行状态评价、高速公路运营服务优化两方面对国内外的相关研究现状进行综述。

1.2.1 高速公路交通状态评价研究现状

道路交通运行评价是对实时交通状态的获知和辨识,是保障道路通畅、提高出行效率的重要理论基础,能够为动态诱导分流、减少拥堵提供有效方法和数据支撑。

国外早期的交通状态判别主要针对突发事件或交通拥挤检测,线圈检测器是主要的数据来源。最早提出的加利福尼亚算法(California Algorithm,CA)通过比较两个相邻线圈检测器的时间占有率来判断是否存在交通拥挤状况。1978年,Payne和Tignor[1]对California算法进行了10种改进,其中California#7算法和California#8算法的效果较好,但阈值标定仍然是未解决的关键问题。1974年,Cook[2]提出了一种双指数平滑算法(Double Exponential Smoothing,DES),将交通数据的双指数平滑值与实际的差值作为判断交通拥堵的依据。1974年,得克萨斯交通协会提出了标准偏差算法(Standard Normal Deviation,SND)的概念[3],通过交通参数的变化率判别突发交通事件。随后,更多算法逐渐应用于交通事件识别,如贝叶斯算法[4]、高占有率算法[5]、自回归移动平均(Auto Regressive Integrated Moving Average,ARIMA)算法[6]等。这些算法大多不依靠理论模型,而是运用流量、速度、占有率等固定型检测器采集的地点交通参数进行统计分析,通过识别异常交通参数来估计交通状态。

随着数据挖掘以及信息处理技术的发展,人工神经网络、小波理论、模糊理论、支持向量机等智能算法用于交通状态估计,取得了有益的成果。Ritchie[7]等提出了基于人工神经网络的高速公路事件监测仿真模型。实验结果表明,神经网络模型在事件检测性能方面有着显著的改进潜力。紧接着,Hua[8]提出了基于人工神经网络的动态交通模式分类。但考虑到交通运行状态界限模糊性的特征,Hsiao[9]等针对传统事件检测算法存在的诸多问题,提出了一种模糊逻辑事件巡检系统(FLIPS),将模糊逻辑和神经网络的算法结合起来,并将模糊特征与隶属度函数融入算法,取得了良好的效果。

近年来,许多国内研究学者对交通运行状态进行研究。陈娇娜[10]针对交通运行状态界限模糊的特点,运用改进的模糊C-均值聚类算法(FCM)算法对高速公路交通运行状态进行评价。曾智慧[11]以固定车辆检测器数据和高速公路收费数据作为样本数据,选取饱和度、占有率、平均行程车速、行程时间延误作为评价指标,并考虑了动态数据时序变化对评价系统的影响,采用一种动态模糊综合评价方法对高速公路交通运行状态进行评价。刘贺楠[12]以车辆检测器为样本数据,选取路段饱和度、空间平均车速、交通时间占有率、平均车头时距4个评价指标,采用一种动态评价方法对高速公路路网交通运行状态进行评价。高朝晖[13]等人以车辆检测器为样本数据,选取饱和度、平均速度、交通密度、平均行程延误4个评价指标,引入指标权重,采用模糊综合评价法来对路段交通运行状态进行评价。张亮亮[14]等人根据交通参数对交通状态结果的影响不同,提出了确定交通参数权重的度量方法,实现对FCM算法的改进,并采用改进FCM聚类方法对道路交通状态进行划分。任其亮[15]等人将遗传算法和模糊聚类算法结合,提出了一种基于遗传算法的动态模糊聚类方法,对道路交通运行状态进行判别。陈德旺[16]以实测快速路交通流数据为源数据,利用模糊聚类的方法将交通流划分为2类、3类和6类,分析不同分类下的交通运行状态。朱熹[17]选取流量、占有率和车速作为判别指标,利用 K 均值聚类算法(K-means)算法对车辆检测器采集到的数据进行聚类分析,确定交通运行状态的度量标准;然后将聚类后的数据作为样本数据,利用随机森林构建路网交通运行状态分类决策模型,实现了样本数据的状态分类。张继勇[18]从动态和静态两方面选取指标,构建了两套评价指标体系,分别采用时序立体动态和主客观赋权法对高速公路网运行状态进行综合评价。崔玮[19]提出了模糊综合评价法判别高速公路网的交通状态,首先选取路段速度和路段交通量 2 个评价指标,运用模糊聚类的方法判别路段交通状态,然后选取路网饱和度、路网畅通率以及路网连通度 3 个路网运行状态判别指标,并运用模糊综合评价法对高速公路网的交通状态进行判别。项丽燕[20]以高速公路收费数据为样本数据,选取星期、时段、速度、占有率、天气类型、通行流量作为判别指标,采用模糊 C-均值聚类算法实现了对高速公路交通状态的分类。王晴[21]利用模糊 C-均值聚类算法选取微波检测器获取的交通量、车速、时间占有率和基于手机定位交通信息采集技术获取的车辆路段行程平均车速作为交通状态判别的参数,并且按照 10min 的间隔对数据集计实现交通状态的划分,并引入随机森林的算法建立交通状态判别算法。在实验对比中,该算法分类精度高且运行时间最短。王文华[22]对 K 均值聚类算法应用模糊聚类改进提高算法的鲁棒性,再利用粒子群算法优化支持向量机进行交通拥堵判定,这种组合算法相比于模糊聚类应用前预测精度得到提高。杜崇[23]采用模糊 C-均值聚类算法和支持向量机组合算法对高速公路基本路段交通状态判别开展研究,采用熵权法对参数进行修正,并采用网格搜索法、遗传算法等对支持向量机进行优化,得到一个较好的高速公路交通状态判别模型。李晓璐[24]使用视频检测器、浮动车数据和微波检测器多种数据通过遗传小波神经网络对多源交通信息融合处理,使数据质量优于单一检测器,对检测器缺失数据运用灰色理论和支持向量机进行交通流数据修复,选用速度、流量和占有率作为交通状态的特征指标,应用粗糙集-模糊聚类组合模型得到属性简化后的决策规则,进而得到对不同交通状态影响较大的影响指标集合,生成更加精简的交通状态判断规则,使交通状态判断准确可信。王宇清[25]选取时间间隔为 20s 的流量、速度和密度的数据,并用 5min 的时间间隔对数据集计构建时间序列模糊聚类模型,并提出实时平滑方法解决交通状态短时波动问题。成卫等人[26]通过获取装载定位的浮动车数据,引入图像灰度共生矩阵的方法从浮动车数据中提取到平均速度、逆方差(表示车辆在匀速和怠速的特征)、对比度(表示车辆的加减速特征)3 个指标作为交通状态判别的特征指标,将高斯混合模型和隐马尔可夫模型结合作为交通状态划分和状态识别的模型对路网整体状态进行判别。

1.2.2 高速公路运营服务优化研究现状

国外从20世纪50—60年代开始就对服务进行了理论研究。Lehtinen[27]提出服务即是与机器设备或中介人相互作用并为顾客提供某种满足的一件或多件活动事件。Regan[28]指出,直接给顾客提供某种需求(如交通)或连同有形商品和其他服务一起给顾客提供满足的抽象活动就是服务。Gronroos[29]在诸学者定义的基础上提出:服务是为解决消费者的某些问题,一般发生在顾客和服务的提供者及其有形的资源、商品或系统相互作用的过程中的具有无形特征的活动。

20世纪60年代,日本、美国等国家初步建立了道路交通服务质量的评价指标体系。日本建立了道路交通服务质量指标体系[30],将道路交通服务质量指标体系作为道路规划的依据。2000年,美国颁布的公路《通行能力手册(第4版)》[31]较为系统和全面地论述了服务水平和各种交通设施通行能力的计算标准,并指出衡量服务水平需考虑交通运营条件和驾乘人员的主观感受两部分,但实际计算过程控制指标仍采用交通密度,该手册没有提出驾乘人员感知服务质量的量化方法。

我国的高速公路建设起步较晚,与西方国家相比,我国在高速公路运营及服务评价方面的研究工作开展得比较晚。卢小春、吴毅洲等[32-34]从高速公路运营的角度对高速公路的服务质量进行了研究。韩先科等[35]深入分析了高速公路交通服务质量的特性,并对评价高速公路的交通服务质量提出了建设性的想法。谢军[36]将影响高速公路交通服务质量的因素分为道路状况、交通运行、管理系统、安全性能、交通环境五部分,对高速公路交通服务质量进行了评价研究。李晓伟[37]将影响高速公路服务系统服务质量的因素分为反映主体设施系统(平曲线状况、纵坡、视距、抗滑性等)、反映附属设施系统(标志标线完好程度、防护设施及服务设施完好程度)、反映管理保障系统(用户投诉率、应急事件反应能力等)和反映环境系统的评价指标(空气污染、景观协调性、噪声污染)。朱文喜[38]分析了影响高速公路运营效益的因素,并就如何提高运营收入、降低运营成本以及提高运营管理效率三个方面提出了具体的建议。王树兴[39]对公路运营绩效考核评价标准、具体绩效考核指标的量化方法进行了阐释。

综上所述,国内外的许多专家、学者在交通状态量化评价和运营服务优化方面做了很多的工作,取得了很大的成功,为后续的研究与应用奠定了扎实的基础,但依然存在需要进一步提高和完善的地方:

(1)影响高速公路交通状态的因素有多种,包括交通流运行、道路线形、天气影响以及驾驶人行为特性等。目前的研究方法在影响因素筛选过程中,主要依赖关键交通流变量,去除一些影响较小的变量,这样在一定程度上无法全面解析交通状态(尤其是拥堵等异常交通状态)的变化机理。因此,有必要针对基于多源交通数据融合的交通状态演化机理进行进一步的分析。

(2)目前国内外对高速公路运营管理和服务优化的理论研究还相对较少,对于如何将路网状态、区域经济、文旅环境等多方面因素与运营管理服务优化相结合的研究,基本处于萌芽阶段,所以亟须大量的相关理论来填补空缺。

1.3 本书内容与章节安排

高速公路交通运行状态和运营服务质量倍受交通运营管理机构和出行者的关注。本书以多源异构高速公路数据为基础,对高速公路交通运行状态分析、出行行为分析、出行诱导以及精细化运营管理技术展开深入研究,目的是从大数据角度来刻画和评价高速公路路网交通状态以及高速公路运营服务管理,为高速公路运营管理部门提升高速公路运输效率和运营服务管理提供理论和数据支撑,同时为出行者提供实时、易于理解的交通信息,协助出行者作出更好的出行决策。

本书研究内容主要包括高速公路交通数据检测、预处理与多源交通数据融合方法研究、全路网交通流状态动态演化机理研究、高速公路出行行为分析方法及应用研究、出行诱导技术研究、数据驱动的高速公路精细化运营管理技术研究五个方面,针对上述五个方面进行了详细的研究和探讨,并在此基础上确定文章的章节安排。

本书的章节安排共分为7章,各章安排如下:

第1章,绪论。首先介绍本书的选题背景和研究意义,然后全面深入地梳理国内外关于高速公路交通状态评价和运营服务优化的研究现状,明确了本书的研究内容以及本书的章节组织结构。

第2章,高速公路交通数据采集与质量管理。结合近年来国内外的研究成果,提出面向高速公路业务的交通数据检测器布设方法,构建科学合理的数据质量评价体系,设计非正常交通数据识别与修复方法,为高速公路交通数据采集和质量管理提供理论支撑和实施依据。

第3章,高速公路多源交通数据融合方法。首先梳理交通数据融合的国内外研究现状,然后阐述高速公路多源交通数据融合的框架和方法,最后详细介绍基于多源数据融合的高速公路交通量估计方法。

第 4 章，全路网交通流状态动态演化机理研究。在对交通流运行状态判别、短时交通流预测以及交通拥堵演化机理等方面进行文献综述的基础上，建立适用于高速公路与普通国省道的交通状态评价指标体系，剖析路网交通拥堵演化过程及突变机理，提出基于时间序列的交通流状态预判模型，并进行实例分析。

第 5 章，高速公路出行行为分析方法及应用。基于对交通行为数据采集、数据融合与分析和基于交通出行调查的选择行为研究等方面的文献梳理，阐述高速公路交通出行行为调查方法，提出高速公路用户出行调查方案，构建交通出行行为模型，对出行行为特性、行为选择机理及行为组合决策等方面进行深入分析。

第 6 章，高速公路出行诱导技术研究。从出行路径选择算法研究、诱导设施布设优化、诱导信息对出行者行为影响三个方面对高速公路出行诱导技术研究进行文献综述。其次详细阐述了高速公路出行诱导信息内容和诱导发布方式。而后构建了基于四阶段的交通流分配模型和车辆轨迹机器学习模型，为高速公路出行诱导研究提供了基础支撑。最后研究了高速公路出行诱导标志布设技术，构建了出行诱导标志选址模型。

第 7 章，数据驱动的高速公路精细化运营管理。从高速公路服务能力影响因素分析及提升策略、精准化营销理论及方法、收费管理策略以及定价方法等三个方面进行介绍，深入分析数据驱动下的高速精细化运营管理，并在此基础上构造面向高速公路服务水平提升的精细化营销决策模型，研究高速公路精准营销策略效能评估与反馈机制，完善高速公路收费管理策略以及收费定价模型，为高速公路运营管理单位提质增效提供理论基础。

本章参考文献

［1］ PAYNE H J, TIGNOR S C. Freeway incident-detection algorithms based on decision trees with states［J］. Transportation Research Board, 1978（682）: 30-37.

［2］ COOK A R, CLEVELAND D E. Detection of freeway capacity reducing incidents by traffic stream measurement［J］. Transportation Research Record, 1974 （495）:1-11.

［3］ DUDEK C L, MESSER G M. Incident detection on urban freeways［J］. transportation research board, 1974（495）:12-24.

［4］ LEVIN M, KRAUSE G M. Incident detection: a bayesian approach［J］. Trans-

portation Research Board,1978(682):52-58.
[5] COLLINS J F,HOPKINS C M,MARTIN J A. Automatic incident detection[R]. England:Transport and Road Research Laboratory,1979.
[6] AHMED S A,COOK A R. Application of time-series analysis techniques to freeway incident detection[J]. Transportation Research Record,1980(841):19-21.
[7] RITCHIE S G,CHEU R L. Simulation of freeway incident detection using artificial neural networks[J]. Pergamon,1993,1(3):345-348.
[8] HUA J,FAGHRI A. Dynamic traffic pattern classification using artificial neural networks[M].[s.l.:s.n.],1993.
[9] HSIAO C H,LIN C T,CASSIDY M. Application of fuzzy logic and neural networks to automatically detect freeway traffic incidents[J]. Journal of Transportation Engineering,1994,120(5):753-771.
[10] 陈娇娜.大数据驱动下的高速公路交通运行状态评价与分析[D].西安:长安大学,2016.
[11] 曾智慧.考虑数据异常的高速公路交通运行状态评价方法与实现[D].重庆:重庆大学,2016.
[12] 刘贺楠.高速路网交通运行状态评价与判定方法研究[D].重庆:重庆交通大学,2010.
[13] 高朝晖,张晓春,王遥,等.高速公路路段交通运行状态的模糊综合评价方法[J].中国矿业大学学报,2014,43(2):339-344.
[14] 张亮亮,贾元华,牛忠海,等.交通状态划分的参数权重聚类方法研究[J].交通运输系统工程与信息,2014,14(6):147-151.
[15] 任其亮,谢小淞.基于遗传动态模糊聚类的道路交通状态判定方法[J].交通运输工程与信息学报,2007(3):12-15,25.
[16] 陈德望.基于模糊聚类的快速路交通流状况分类[J].交通运输系统工程与信息,2005(1):62-67.
[17] 朱熹.基于Spark的路网交通运行状态判别研究[D].西安:长安大学,2017.
[18] 张继勇.路网环境下高速公路运行评价与应急诱导[D].广州:华南理工大学,2012.
[19] 崔玮.高速路网交通状态判别与预测的研究[D].淄博:山东理工大学,2016.

[20] 项丽燕.基于高速公路收费数据的交通状态分类与可视化分析方法[D].南京:南京师范大学,2019.

[21] 王晴.高速公路基本路段交通状态判别方法研究[D].南京:东南大学,2019.

[22] 王文华.交通数据驱动的道路拥堵状况判定与预测分析[D].北京:北京交通大学,2019.

[23] 杜崇.高速公路实时交通状态判别方法研究[D].北京:北京交通大学,2017.

[24] 李晓璐.基于多源信息处理技术的交通状态判别研究[D].重庆:重庆交通大学,2017.

[25] 王宇清.基于时间序列聚类的高速公路交通状态实时判别[D].南京:东南大学,2018.

[26] 成卫,黄金涛,陈昱光,等.基于浮动车速度波动特征的交通状态识别[J].交通运输系统工程与信息,2023,23(1):67-76.

[27] LEHTINEN U, LEHTINEN J. Service quality: a study of quality dimensions[J]. Working Paper, 1983, 57(2): 86-89.

[28] REGNA W J. The service revolution[J]. Journal of Marketing, 1963, 27: 57-62.

[29] GRONROOS C. Service management and marketing[M]. Lexington Massachusetts: Lexington Books, 1990.

[30] 绍祖峰.高速公路服务质量的模糊评价.科技进步与对策[J].2004(2):110-111.

[31] Transportation Research Board. Highway capacity manual[R]. Washington. D. C: National Research Council, 2000.

[32] 卢小春,王劲松.高速公路运营服务质量评价体系[J].长安大学学报(自然科学版),2003,23(4):69-72.

[33] 吴毅洲,卢小春,孙穗.高速公路营运服务质量的特性分析与评价[J].公路与汽运,2002(5):59-61.

[34] 吴毅洲,王劲松,卢小春.高速公路营运服务质量评价模型及其应用研究[J].交通标准化,2005(6):124-127.

[35] 韩先科,蔡建华.高速公路服务质量的理论与分析[J].交通标准化.2005(10):137-141.

[36] 谢军.高速公路通行能力分析与服务质量评价研究[D].西安:长安大

学,2007.
- [37] 李晓伟.高速公路服务系统评价研究[D].西安:长安大学,2005.
- [38] 朱文喜.高速公路企业运营效益的影响因素及提高途径[J].交通建设,2007(9):41-42.
- [39] 王树兴.高速公路运营管理绩效考核评价研究[D].天津:天津大学.2006.

第2章

高速公路交通数据采集与质量管理

随着交通数据采集技术的发展,获得海量高速公路交通数据已经成为可能,这些数据也成为高速公路运营管理和决策的重要支撑。与此同时,高速公路智能化运营管理对数据本身也提出了更高的要求。一方面,要求构建布局合理的交通传感器网络,以最大限度地保证数据获取范围和精度;另一方面,要求针对由于设备故障或其他原因导致的数据错误、数据异常和数据缺失进行有效识别和修复。

本章将结合近年来国内外的研究成果,提出面向高速公路业务的交通数据检测器布设方法,构建科学合理的数据质量评价体系,设计非正常交通数据识别与修复方法,为高速公路交通数据采集和质量管理提供理论支撑和实施依据。

2.1 研究现状

2.1.1 交通检测器技术发展现状

交通检测技术的发展主要经历了人工检测和自动检测两个阶段[1]。人工检测是由人工将交通参数告知管理人员,并由管理人员对数据进行处理。这种检测方式成本高,数据实时性、连续性较差。随后出现了自动检测技术,利用各种车辆检测器来自动获取道路上的动态交通参数。20世纪20年代,基于录音和压感技术的车辆检测器开始被应用在交通领域。20世纪60年代,感应线圈开始被用作车辆检测器,成为至今使用最广泛的检测设备。20世纪70年代,一些国家已经开始研究基于视觉提取交通参数。

随着传感器技术、微电子技术和信息处理技术等的发展,相继出现了微波、红外线、超声波、雷达等非接触式检测手段。这些检测手段在一定程度上弥补了感应线圈等接触式检测器的缺点,如不用破坏道路、封闭车道,但这些技术本身也存在一定的局限性,如精度不高、车型检测较差等。根据车辆检测器的工作方式和基本工作原理,可将这些检测技术所使用的检测器划分为磁频、波频和视频三大类[2]。其中,磁频车辆检测器包括感应线圈、地磁与电磁、磁成像与摩擦电等;波频车辆检测器包括雷达、微波、超声波、光电式和光纤轴等。这些交通检测器中,有些检测器只能检测静态的车辆存在或动态的车辆通过中的一种;有些则既能检测静态的存在,又能检测动态通过的车辆。

2.1.2 交通数据检测器布设研究现状

国内外许多学者致力于研究检测器优化布设问题,以达到用最少的检测器获得最全面、最精确的交通信息的目的。按照高速公路传感器网络部署目的的侧重点的不同,国内外相关研究可以划分为面向交通量预测的检测器布设方法、面向出行诱导的检测器布设方法、面向运营管理的检测器布设方法、面向事件监测的检测器布设方法。

(1)面向交通量预测的检测器布设方法。

交通检测器布设优化研究经常以交通量估计作为研究目标。交通检测器往往安装在一些关键路段或者对实际应用有着特殊意义的路段,所以可以根据安装在这些关键路段上的交通检测器获取的流量数据,结合起讫点(OD)矩阵进行反推或估计整体和局部路网的交通量,对路网中 OD 交通量的调查和研究有着重要的作用。

Yang 和 Zhou[3]的研究解决了在既定的先验 OD 对分布模式中,交通路网中检测器的最佳数量和最佳位置问题,并基于该研究提出了交通检测器在路网中布设优化的四个基本原则。Bianco 等[4]提出并解决了交通检测器选址问题,目标是为了得到最小的检测器数量和最佳的位置,能够推断交通路网中所有路线的流量数据。此外,还提出了几个贪婪启发式算法。Gan 和 Yang[5]对选址问题进行了联合调查与方法估计,考虑了流量分配模型中各种路线选择假设的影响和交通拥堵的情况,证明了位置规则和 OD 矩阵估计问题中误差限制的有用性。Hu 等[6]从预算约束的前提出发,确定在交通路网上安装检测器的最小路段子集,在此条件下估算网络所有路段上的交通量;使用一种 Link-path 关联矩阵来表述交通网络结构,通过矩阵求基的方法来确定安装交通检测器的最佳位置。杜长飞[7]在交通检测器布设优化研究的基础上,结合道路交通量分配的方法,构建 OD 矩阵逆推模型,提出了一种基于 OD 估计的路网检测器布设优化研究。

李梦莹[8]在基于节点流量守恒原则的路段流量推算方法下,提出了交通检测器布设优化的两种模型。其中:模型一最小化布设成本,考虑检测器布设成本的差异性;模型二考虑检测器可能发生的故障情况和交通数据的不确定性,以最小化路段交通量估计的不确定性为目标函数建立模型,并以 Nguyen-Dupuis 网络图为算例进行了实验分析。

(2)面向出行诱导的检测器布设方法。

交通状态和行程时间对于用户出行诱导有着重要的参考意义,因此,面向交通状态和行程时间估计的检测器合理布设研究也是国内外研究人员的重点关注问题。

Viti 等[9]在检测器选址研究中,对最大可能相对误差的计算方法进行了重新设计,并提出了一种解决交通检测器选址问题的新方法,实现了复杂的交通路网中可靠有效的流量状态估计和预测。Ban 等[10]在研究中介绍了用于确定高速公路行驶时间的交通检测器最佳位置的模型和多项式求解算法。目标函数为最小化高速公路路线的所有单个子段所估计的行驶时间和实际的行驶时间偏差,通过将问题离散化处理,将其表述为动态规划模型,并利用非循环图最短路径搜索方法解决。Park 等[11]使用现有的固定传感器来估计在候选位置部署便携式传感器的行驶时间预测误差,基于主成分分析和聚类分析生成的场景,提出了两阶段随机规划来考虑交通状况的不确定性。Gentili 等[12]调查了基于行程时间估计的交通检测器布设优化相关的现有文献,调查包括两个部分:第一部分审查了高速公路网中计数检测器在行驶时间估计中的最佳位置的相关研究;第二部分主要介绍了与自动车辆识别检测器(AVI)在路网中的最佳位置相关的研究,以获取行驶时间信息。储浩等[13]认为,可以通过增加交通检测器的布设密度来降低行程时间估计误差,但布设密度并非越高越好,而是存在一个合理的密度范围,在该范围内,行程时间估计误差会出现最小值,其还利用路网行程时间估计方法分析了路网交通检测器布设优化问题。

(3)面向运营管理的检测器布设方法。

基于出行者行驶路径的精细化收费和通行费用拆分是高速公路运营业务的核心内容;同时,高速公路复杂路网结构条件下的出行者路径也是开展高速公路交通需求分析、交通规划与设计的重要依据。为此,国内外有不少学者进行了路径识别与车辆路径重构问题的研究。

Gentili 和 Mirchandani[14]研究了一种主动式检测器定位问题,回答了两个问题:一是应放置多少数量检测器以及在何处放置才能获取指定路径上的流量信息;二是鉴于流量管理规划人员已经在某些网络路段上放置了计数检测器,应该在哪些位置放置主动式检测器才可以在指定路径上获取最大流量信息。Castillo 等[15]研究了基于路段流量观测技术的行程矩阵和路径重构问题,为解决该问题,遵守流量守恒规则,目标函数为最小化给定的先验路径流误差,进行路径流重构研究。Minguez 等[16]针对给定的先验 OD 分布模式,发明了一种技术,来获取路径识别设备的最佳数量和最佳布设位置。Yang 和 Sun[17]提出了一个集成的宏观和微观框架,以重构现实交通路网中的完整车辆路径。樊升印[18]基于对现有高速公路网收费系统的调查研究,分析路网收费系统存在的实际问题和需求,对比分析了车辆路径识别技术,并提出一种基于车牌识别的车辆路径识别方法。孙凯[19]研究并分析了路径识别技术的特点,运用图论理论,提出了一种支撑树标记方法和单边布点的方法,并进行算例实验提出优化建议。

(4) 面向事件监测的检测器布设方法。

随着汽车保有量的迅速增加,高速公路交通事件频发问题逐渐凸显,准确、快速地检测交通事件发生的时间、地点及性质,是高速公路紧急救援系统成功运行的关键。而检测器的合理布设则是交通事件准确、快速检测的有力保障。

张彬彬[20]针对以事件检测为目的的检测器布设方案,分析了检测器布设密度对路段行程时间估计的影响,提出了检测器布设应遵循的布设原则。王静[21]考虑到事件检测效果与检测器的布设成本之间存在一定的合理值,用仿真平台模拟多种间距布设方案,并对获得的检测点处的数据进行分类、整理,代入事件检测算法中,求出事件检测灵敏度最高的布设间距,综合检测器成本选取性价比较高的布设方案。罗时春[22]通过仿真实验分析了交通事件自动检测算法的性能与检测器布设间距之间的关系。参考高速公路服务水平等级,设置了 4 种不同服务流量下的交通事件,并设置了多种检测器的布设方案,从而确定在各种高速公路服务水平条件下,算法性能与检测器布设间距的关系。刘政威[23]提出了考虑事件检测性能指标和布设成本约束下的交通检测器布设方法,分别利用车流波动理论以及信号采样理论估算出固定式交通检测器的合理布设间距;利用VISSIM 仿真软件模拟高速公路上的交通事件来获取仿真数据,基于 BP 神经网络算法,利用 MATLAB 编程对交通事件自动检测模型进行训练和检验,得到不同检测器布设间距下事件检测算法的性能指标,从而确定交通检测器的合理布设间距。张萌萌等[24]运用一种基于偏差阈值(有无事件发生情况下的交通参数的偏差)的交通事件检测算法,选取了 200m、400m 和 600m 三种间距布设交通检测器,利用 VISSIM 仿真软件进行仿真验证,通过分析有无事件情况下交通参数的变化趋势确定高速公路检测器最优布设间距。

综上所述,已有的固定检测器布设方法研究工作主要集中于单一类型的交通检测器的布设,通过分析检测器不同布设方案下的数据采集效果与检测器布设间距之间的关系来最终确定检测器的布设方案。对于检测器组合应用的研究尚在起步阶段。

2.1.3 交通数据质量管理研究现状

在数据质量管理中,应首先通过数据质量评价判断数据的异常与否,然后提出相应的数据质量控制措施。国内外学者围绕交通数据质量评价指标体系以及数据质量控制方法开展了一系列研究。

(1) 交通数据质量评价。

交通数据质量评价模型构建方面:在国外,美国数据异常研讨会针对前沿旅行信息系统(Advanced Traveler Information Systems, ATIS)提出了基于准确性、可靠性和及时性的数据质量评价指标体系[25],为不同用户需求数据提供合理评估。后来该体系拓展至包括准确性、完整性、有效性、及时性、覆盖性和可用性6个指标。美国"数据质量白皮书"[26]从实际交通运营管理角度对交通数据质量进行了评价。在国内,施莉娟等[27]采用客观评价法,针对交通数据质量问题表现形式,建立了完整性、有效性、准确性、实时性的交通数据质量评价体系,其研究成果已应用于实际信息系统对数据质量的评价。牛世峰等[28]针对微观交通流数据质量评价方法无法评价整体数据质量的问题,构建了可靠率、缺失率、异常率和错误率4个交通流数据质量宏观评价指标,设计了交通流数据质量宏观评价方法,实现对交通流数据的宏观评价。文峰[29]等基于数据质量管理流程,提出数据质量综合评价模型和方法,将权重引入数据质量评价,使数据质量评价结果提高。但是该模型只适用于视频检测数据,对数据质量要求较低。庄广新[30]等提出准确度、完整度和时效性3个交通流数据质量评价指标,利用提出的层次分析法、灰色聚类法,分别从定性和定量两方面进行交通流数据质量评价,同时选用实际道路交通流数据分析了该方法的有效性。

交通数据质量评价方法研究方面:在国外,Jacobson等[31]人针对单线圈检测数据建立了交通流三参数阈值准则,并基于流量-占有率比提出了一种异常数据识别方法,为完善以往仅仅依靠单参数阈值识别提供了新的思路。Dailey等[32]建议通过检验流量和占有率的相关性、相邻车道的相关性、同一检测器时间序列的相关性和上下游路径的相关性来识别检测器错误。Vanajakshi等[33]基于流量守恒定律,建立流量守恒模型,将道路相邻断面流量差平方和最小为目标调整检测断面流量数据,该模型可以消除当连续交通流断面出现计数偏差时的误差传递。在国内,耿彦斌等[34]根据数据阈值规则和三参数关系,对几类性质不同的异常数据设计了不同的识别准则,并提出了针对不规则时间点、缺失数据、错误数据的智能交通系统(Intelligent Transport System,ITS)数据修正算法,最后以北京市和美国圣安东尼奥内两组不同时间序列的 ITS 数据为研究对象,利用提出的数据识别与修复算法进行实践应用,修复结果表明了算法的有效性。秦玲等[35]针对断面交通检测数据中的错误数据、缺失数据、包含较多噪声数据、时间点漂移等不同类型异常数据,提出了不同异常数据检验方法及基于数据清洗、时间点修正、数据修补等数据修复方法。

(2)交通数据质量控制。

早期的交通数据修复方法主要包括插值法、指数平滑法、历史数据修复法等。Gold 等[36]以感应线圈获得的道路交通流数据为研究对象,利用线性插值方法,基于相邻时间段准确数据实现异常数据修复,以实际道路数据进行方法验证,结果表明,该修复方法得到的交通流数据能较好体现实际道路运行状况。Smith 等[37]基于感应线圈获得的速度、流量、占有率数据,利用相邻历史时间数据平滑值或平均值,对交通流异常数据进行修复。Lingras 等[38]通过构建交通数据与年平均日交通量、设计小时流量等交通参数的函数关系,建立缺失数据修复方法。Nin 等[39]提出了一种针对缺失数据的多重填补方法,研究结果表明,该方法的估算结果误差较小,能够较好地描述实际交通流状态。Min 等[40]从空间维度的研究视角出发,针对单个或多个非连续缺失数据,提出使用相邻断面数据进行缺失数据修复,对连续多个断面数据缺失情况,使用历史数据修复方法进行修复。蒋锐等[41]基于交通流异常数据根源分析,对交通流异常数据进行分类,利用时间点标准化原则和插值方法对不同类型的交通流异常数据进行修复。胡超伟等[42]针对道路交通流缺失数据,分析其原因、类别和特征,对常用的时间性数据填充算法进行了介绍,并基于湖南省实际路段交通流数据对提出的修复算法进行对比分析,最后提出了缺失数据插补的建议方法。

随着机器学习和人工智能技术的发展,神经网络模型、最小二乘支持向量机模型、灰色预测模型等技术被应用于交通数据质量修复研究中。Qu 等[43]构建了基于贝叶斯主成分分析的缺失数据修复方法。该方法能有效地求解主成分分析的每个参数,同时以概率最大为搜索标准,可以较快地得到缺失点的估计值。与其他方法相比,该方法在数据修复精度有很大提高,尤其是缺失率较低时,具有很好的鲁棒性。Qu 等[44]基于之前研究,又提出了基于概率主成分分析的缺失数据修复方法,并且引入了矩阵重建理论。与基于贝叶斯主成分分析的缺失数据修复方法相比,该修复方法修复精度基本不变,但修复速度提升很多。上述方法相较于传统数据修复方法有更高的准确度，同时交通流数据缺失量较大时，也能有较好的修复效果。Zhang 等[45]将交通数据构成矩阵形式，采用最小二乘支持向量机理论修复缺失数据。该方法通过引入皮尔森相关系数衡量不同监测站点同一时段内交通数据相关性，寻找最佳空间状态，从而提高修复精度。为了更充分地利用交通流信息，Huachun Tan 等[46]基于矩阵重建原理，提出张量分解的插补算法修复交通缺失数据。该方法将交通数据组成一个覆盖所有交通时空信息的多维张量，充分利用了多维交通特性。实验结果表明，当交通数据缺失率较高时，提出的数据修复算法效果较好。耿彦斌[47]建立了单源数据质量控制模型和基于多源数据的融合理论模型，并基本实测数据验证了模型的效果，从源头上解决了交通数据质量问题，同时提出了数据质量控制的实施策略与建议。金逸文[48]基于对交通流三参数模型的分析及交通数据时空变化特性研究，提出统计相关性异常数据修复方法和基于 BP 神经网络的三维曲面异常数据修复方法。温晓岳[49]针对残缺交通信息分析，将其分为部分信息残缺和全部信息残缺，同时针对两类残缺数据提出 SARBF 神经网络修复方法和拉格朗日插值修复方法。方匡南等[50]针对缺失数据提出了一种基于聚类与关联规则的数据修补方法。通过聚类将缺失数据集归为一类，利用提出的关联规则挖掘交通流数据相关性，并利用数据相关性修复缺失数据。邹小芳[51]提出一种自适应权重二阶段异常数据修复组合模型。该模型主要由两部分组成：一是以最小二乘的支持向量机模型进行局部数据修复；二是以最大熵的交通流状态概率分布模型进行权重分配。王英会[52]基于 RBF 神经网络提出一种基于曲面重构的故障数据修复算法，并与基于灰色 GM(1,N)模型的数据修复算法进行对比分析。结果表明，提出的修复算法对异常数据的修复精度较高。上述研究大多为基于向量的数据修复模型，对交通流数据内部特性利用较少，且由于算法的复杂性，数据修复时间较长。

综上所述，目前的交通流数据质量评价研究大多基于微观交通流数据进行质量评价，缺乏微观、中观、宏观多层次数据质量评价体系研究。另外，在交通数据质量控制方面存在交通信息利用不全面、空间交通信息和时间交通信息利用不充分的弊端，这些问题在一定程度上影响了交通流数据的修复性能。

2.2 高速公路交通数据分类及检测技术

2.2.1 高速公路交通流参数介绍

常见的高速公路交通流参数包括交通量、行程时间、速度和占有率，下面依次进行介绍。

(1)交通量。

交通量是指单位时间内通过道路某一断面或者节点的车辆数。按照统计时间间隔的不同可分为小时交通量、日交通量、周交通量、月交通量和年交通量等。交通量是表征交通流特性参数最容易获取的,故被作为最基本的交通状态计量。计算公式如下:

$$q = \frac{N}{T} \qquad (2-1)$$

式中:q——流量(辆/h);

N——车辆数(辆);

T——统计流量的时间范围(h)。

由于道路车辆类型的差异,常将道路车辆数换算成当量小客车流量(pcu)。就高速公路车辆类型而言,车辆换算系数见表2-1。

车辆换算系数表　　　　　　　　表2-1

类型	系数	说明
小客车(标准参考)	1.0	座位数小于19
客车(大型)	1.5	座位数大于19
货车(小型)	1.0	载重量小于2t
货车(中型)	1.5	载重量在2~7t之间
货车(大型)	2.0	载重量在7~14t之间
货车(特大型)	3.0	载重量大于14t
拖挂车/集装箱车	3.0	包括大型拖车、半挂车等

(2)行程时间。

行程时间是车辆行驶过道路某一路段所需的总时间,包括行驶时间和延误时间。在观察路段中,车辆所花费的行程时间和行驶时间越接近,则说明道路的交通状态越好;反之,则道路交通状态相对较差。行程时间是道路交通状态的重要衡量指标,准确的行程时间估计是交通诱导和出行路径选择的重要参考指标之一。影响行程时间的因素众多,常见的有道路通行能力、服务水平、车种、天气及路面情况等。

(3)速度。

速度是指行驶车辆在单位时间内通过的路程长度。通常描述交通流状态采用平均速度。平均速度可分为时间平均速度和区间平均速度,前者描述的是交通流在特定观测点的交通流运行状态,后者描述的是交通流在路段区间上的运行状态。区间平均速度计算公式如式(2-2)所示,其含义为某一路段的区间长度与一定时间段内所有车辆的平均行驶时间的比值。

$$\overline{V} = \frac{L}{\frac{1}{N}\sum_{i=1}^{N}t_i} \qquad (2-2)$$

式中:$\overline{V}$——区间平均速度(km/h);

L——观测路段长度(km);

N——观测路段车辆数(辆);

t_i——车辆 i 在观测路段行驶的时间(h)。

由于 $t_j = L/v_j$,故有:

$$\overline{v} = \frac{L}{\frac{1}{N}\sum_{j=1}^{N}t_j} = \frac{L}{\frac{1}{N}\sum_{j=1}^{N}\frac{L}{v_j}} = \frac{1}{\frac{1}{N}\sum_{j=1}^{N}\frac{1}{v_j}} \qquad (2-3)$$

式中:v_j——第 j 辆车通过观测路段时的行驶速度(km/h)。

所以,由式(2-3)可得,区间平均速度是观测路段所有车辆的行驶速度的调和平均值。

时间平均速度是指在一段时间内,所有车辆通过某一特定观测点时瞬时速度的算术平均值。

(4)占有率。

占有率一般可分为时间占有率和空间占有率。时间占有率指的是在观测时间段内,道路上观测点处车辆总占用时间和观测时间的比值。空间占有率指的是观测时间段内,道路上观测点处车辆对道路的总占有量与道路长度的比值。其主要原理是根据道路上埋设的车辆检测器被车辆干扰而引起的信号变化来感知车辆对道路的占用情况。空间占有率的原理可描述为:当交通量比较小时,道路上车速较高,单位时间内通过已知点的车辆数也较少,所以时间占有率较小。反之,当道路交通量的增加时,道路上车辆速度明显降低,单位时间内通过已知点的车辆数也明显增加,导致时间占有率会明显增加。空间占有率对交通流状态的描述和时间占有率类似,只不过是从总面积的角度出发。它不仅能反映交通密度的大小,还能反映道路的占有情况。在实际应用中,由于空间占有率的获取难度比较大,通常用时间占有率描述道路的实际交通状态。

2.2.2 高速公路交通数据检测技术

根据检测设备是否可以移动,高速公路交通数据检测技术可以分为固定式和移动式两类。

2.2.2.1 固定式检测技术

固定式检测器技术是指将信息采集设备固定安装在高速公路路网的横截面,从而得到通过检测点车辆的相关数据的检测技术。常见的固定式检测技术主要有线圈检测技术、地磁检测技术、微波检测技术、超声波检测技术、红外线检测技术和视频检测技术等。

(1)线圈检测技术。

线圈检测技术是最常见的一种交通检测技术。它是将环形线圈埋在地下,如果车辆经过线圈区域,其金属尾部会导致线圈磁场改变,进而产生脉冲,检测器利用这些脉冲计算出车流量、速度、车长等交通数据。

(2)地磁检测技术。

地磁检测器的工作原理是,如果有车辆经过检测器,车辆自身带有的铁磁会使车辆覆盖区域的地磁线产生改变,从而检测器能够感知到车辆的存在。地磁检测器不需要车辆的其他详细信息,只需将检测器放置在路边,沿着被检测的车道即可,而不需要在车道上挖坑埋入检测器。

(3)微波检测技术。

微波检测器是利用雷达调频技术对路面发射微波。当车辆经过检测器时,根据车辆反射回来的波形和频率的差异,来判断车型、车流量、车速等交通数据。

(4)超声波检测技术。

超声波检测器由安装在路面上方或侧面的探头发出超声波,由于车辆有一定的高度,所以地面和车辆的反射波返回的时间是不同的,从而可以判定有无车辆经过。

(5)红外线检测技术。

红外线检测器主要由红外发光管和接收管构成。红外发光管对路面发射红外线。有车时,接收管接受车体反射的红外线;无车时,接收管不发光。

(6)视频检测技术。

视频检测技术是由安装在路面上方的摄像机对过往车辆进行抓拍,从拍摄到的图像中提取车辆的一些重要信息,从而计算出车型、交通量、车速、占有率等交通数据。

2.2.2.2 移动式检测技术

移动式检测技术是指检测设备处于移动状态,检测设备通过检测道路上的标记来收集交通数据。常见的移动式检测技术包括全球定位系统(Global Positioning System,GPS)浮动车检测技术、手机定位检测技术、无人机航拍检测技术等。

(1)GPS 浮动车检测技术。

GPS 浮动车是指装有车载 GPS 的浮动车,其在行驶过程中通过 GPS 卫星对车辆进行定位,然后将探测车的位置数据和高速公路网在时间和空间上相互关联,通过通信基站传输到交通信息中心,最终获得探测车经过路段的车速和行程时间等数据。

(2)手机定位检测技术。

手机定位检测技术是以道路上的车载手机为检测对象,检测器通过获取手机所在的身份识别号(Identity Document,ID)来定位手机当前的地理位置。使用这些手机信息获取车辆运行状态,进而估算车辆所在路段的交通参数。其工作原理是:当车辆在道路上行驶时,手机会随着车辆不停地通过路边的多个基站小区,并在临界区发生切换,通过记录手机的所有切换数据,将其与地图匹配,便可计算出车速、行驶时间等交通参数。

(3)无人机航拍检测技术。

无人机航拍检测技术是指采用无人机代替传统固定布设的各类交通检测设备和以车载 GPS 定位设备和基于互联网的手机为代表的移动型检测设备,动态采集交通视频,通过航拍图像检测技术自动提取道路交通流参数。

2.2.2.3 交通检测技术优、缺点比较

基于交通检测器可以获取交通量、车速、占有率等信息,不同的交通检测技术工作原理不尽相同,同时也有各自的优缺点,会受不同的条件影响,并且应用于不同的场景。表 2-2 列出了常用的几种交通检测技术优、缺点比较。

常用的交通信息检测器比较　　　　　表 2-2

检测器类型	获取信息	优点	缺点
线圈	交通量、占有率、车速、车型	精度高、成本低	需要封路埋设线圈
地磁	交通量、占有率、车速、车型	精度高、寿命长、适应复杂天气	成本高
微波	交通量、占有率、车速	不拥堵路段检测精度高	受雷达干扰、安装困难
超声波	交通量、车速	尺寸小、寿命长、安装维护方便	受噪声、车型干扰

续上表

检测器类型	获取信息	优点	缺点
红外线	交通量、占有率、车速	多车道测量、不受环境光线影响	非车辆物体经过检测器不正常工作
视频	交通量、占有率、车速	大区域检测、安装方便	成本高、精度低、受天气光线影响
GPS	交通量、占有率、车速、行程时间	无须在路边安装检测设备、检测具有连续性	需要大量探测车、要求GPS定位准
手机	交通量、车速、行程时间	可以收集大量的手机信息	要求手机性能、信号强

2.3 高速公路交通数据检测器布设方法

区域路网中布设的交通信息检测点是获取交通数据的基本技术手段,理论上讲,当路网中检测点的数量足够多的时候,便能够准确、实时地掌握路网的交通运行状态。但是,布设较多的检测点,需要耗费较高的检测器购置成本、安装费用以及后期的维护成本,在实际应用中很难实现。此外,研究表明,当检测点布设密度达到一定值后,再增加检测点对交通运行状态分析的灵敏度不高,反而增加了交通信息分析处理的成本。因此,交通检测点空间布设的密度和位置需要根据道路交通系统的要求、检测设备的特性以及区域内交通环境等因素进行综合优化设计。

2.3.1 交通检测器布设原则

(1)全面覆盖。

在满足约束条件的情况下,尽可能多地覆盖路网中的路段和交通节点,以保证采集到的交通数据的准确性和可靠度,使交通检测点布局方案的效益最大化。

(2)合理布局。

为降低后期建设和维护成本,应在布设交通检测点时考虑区域内的路网形态和技术特征,确保布设规模和效益达到平衡。此外,检测点的布设还需与区域内路网协调一致。

(3)相互独立。

为确保信息采集的高效性和精确性,应当在布设路段时保证彼此独立,避免存在线性相关关系,从而避免信息被重复采集和产生过多的冗余数据。

2.3.2 交通检测器布设影响因素

(1)路网拓扑。

一般而言,交通检测点的布设需要考虑现有的路网结构,但实际上道路网是一个持续不断完善的过程。因此,应根据路网规划的需要,对检测点的布设进行动态调整,以与未来的路网结构相协调和适应。

(2)路网规模。

路网规模是指路网中节点和路段的数量。节点和路段的数量会因路网拓扑结构的不同而产生差异,这也会导致路网中各路段之间的关联程度不同。因此,随着路网规模的增大,交通检测点的布设也应相应增加。

(3)路网密度。

路网密度是衡量区域路网结构的一个指标,它与路网规模密切相关。一般来说,路网密度越高,区域路网的重要性也越高,交通特征也越复杂。因此,在路网密度较高的区域,交通检测点的布设应当更加密集。

(4)道路总里程。

不同的检测设备具有不同的有效观测距离。为了获得完整的路网交通调查数据,需要对整个路网进行观测,因此,交通检测点的数量通常与路网的总里程成正比。

(5)路网连通度。

路网连通度反映了路网中节点连接的状态和连接质量。当节点之间的连通度增加时,路网的结构也变得更为复杂。因此,交通检测点的布设复杂度也会相应提高。

2.3.3 交通检测器布设常用方法

(1)关键路段选择法。

交通管理人员依靠经验选择路网中的关键点位作为检测点的布设点位。这种方法可以获得路网中关键路段和节点的交通运行信息。但该方法存在较多的主观人为因素,关键路段的确定难以量化,布设点位科学性不足,容易出现检测点检测效率低下等问题。

(2)交通量法。

在选择交通监测点的位置时,应该基于最大化路段交通量的原则,精选合适的路段,从而达到更加高层次的交通量优化目标。

(3)校核线选择法。

该方法指的是在校核线上设置交通检测点。但此方法获取的交通数据对于进行估计 OD 矩阵的难度较大。

(4)OD 覆盖法。

根据 OD 覆盖原则优选路段进行交通检测点的布设,以保证任意 OD 对间的某一比例的出行信息都可以被检测到。

2.3.4　基于多目标优化的高速公路检测器布设优化建模

本小节将交通检测器布设成本最小化和关键路段覆盖率最大化为目标,建立多目标布设优化模型,同时使用 OD 覆盖原则作为多目标优化的约束条件,实现布设成本和效益的均衡。具体来说:

假定高速公路网络记为 $G(V,E)$,其中 V 表示节点集合,E 表示所有路段集合,N 表示集合 E 中的元素的数量,P 表示 OD 对的集合,引入检测点布设的决策变量 x_i,具体定义如式(2-4)所示:

$$x_i = \begin{cases} 1, 如果路段 i 布设检测器 \\ 0, 如果路段 i 不布设检测器 \end{cases} \quad (2-4)$$

(1)交通检测器布设成本最小化目标建模如式(2-5)所示:

$$\min f_1 = \sum_{i=1}^{N} x_i \quad (2-5)$$

其中,f_1 表示高速公路网络中交通检测器的数量。

(2)关键路段覆盖率最大化目标函数建模如式(2-6)所示:

$$\max f_2 = \sum_{i=1}^{N} \omega_i x_i \quad (2-6)$$

式中:f_2——高速公路网络中布设交通检测器的路段的关键性之和;

ω_i——第 i 条路段的关键度。

(3)约束条件建模。

为了满足 OD 覆盖原则,对于任意 OD 对 $p \in P$,必须存在一个检测点布设路段:

$$\sum_{i=1}^{N} \alpha_{ip} x_i \geq 1, p \in P \quad (2-7)$$

其中,α_{ip} 为 OD 对 p 是否包含路段 i 的标志位,当 OD 对 p 包含路段 i 的标志位,$\alpha_{ip}=1$,否则$\alpha_{ip}=0$。

(4)多目标优化模型。

$$\begin{cases} f_1(x_i) = \min \sum_{i=1}^{N} x_i \\ f_2(x_i) = \max \sum_{i=1}^{N} \omega_i x_i \end{cases} \quad (2-8)$$

约束条件:

$$\begin{cases} x_i \in \{0,1\} \\ \sum_{i=1}^{N} \alpha_{ip} x_i \geq 1, p \in P \end{cases} \quad (2-9)$$

2.4 高速公路交通数据质量评价方法

交通传感器的广泛应用使得获取海量、多源、异构高速公路交通数据成为可能。这些数据为高速公路管理和决策提供了重要的数据依据。但是由于交通传感器设备本身以及环境等诸多因素的影响,获取的道路交通数据中不可避免地存在非正常的情况。若直接采用包含非正常数据展开交通应用,必将给应用结果带来不稳定和安全隐患,因而对数据质量问题进行准确评估和预处理就显得尤为重要。

为了有效辨识高速公路非正常交通数据,本节首先介绍高速公路非正常交通数据的分类及产生原因,然后提出数据质量评价指标体系以及方法,希望能够构建科学合理的数据质量评价体系。

2.4.1 非正常交通数据的分类及产生原因

高速公路交通数据主要包含缺失数据、错误数据和异常数据 3 类非正常数据。

(1)缺失数据,是指应该采集到交通数据的时刻无法获得全部或部分交通数据的情况。此时,数据会表现为关键交通流参数缺失,如时间、流量、速度或占有率为 0。

(2)错误数据,是指在某个单独的采样间隔中发生了不符合常理突变的交通数据,通常是由检测器、传输线路故障和车辆未按交通管制行驶等原因导致。

(3)异常数据,在交通事件影响下,变化趋势长期偏离正常状态的交通数据,异常交通状况数据不是错误数据,可以反映真实的交通流运行情况,但是会影响对错误数据的评价和其他交通模型对修正后数据的运用方式。

本书基于鱼刺图分析法对非正常交通数据的产生原因进行分析,如图 2-1 所示。产生异常数据的原因主要有检测系统故障、驾驶人违规驾驶和交通环境恶劣 3 个方面。其中,检测系统故障的种类较多,其任意一个部位出现异常均可导致整个系统不能正常工作,如检测器失灵、传输线路中断、电流不稳定等。驾驶人违章驾驶对交通数据检测也有较大的影响,如违章行驶、违章停车、逆向行驶、骑线行驶等,都可能导致检测数据错误。交通环境包括的范畴较广,路面情况、交通事件、天气情况等都属于交通环境。恶劣的交通环境会对交通数据的质量产生较大的影响。常见的恶劣交通环境有路面毁坏、交通事故、大型活动、雨、雪、雾等。

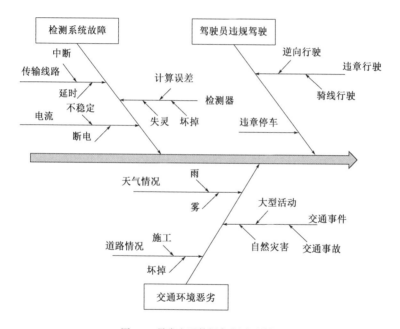

图 2-1　异常交通数据产生原因分析

基于以上分析,本书对产生各异常数据的原因进行了总结,见表 2-3。

各类非正常交通数据产生的原因　　　　表 2-3

产生原因	非正常交通数据类型		
	缺失数据	异常数据	错误数
检测器故障	主要因素	没有影响	主要因素
驾驶人违章驾驶	次要因素	没有影响	主要因素

续上表

产生原因		非正常交通数据类型		
		缺失数据	异常数据	错误数
交通环境恶劣	交通事故	次要因素	主要因素	没有影响
	大型活动	没有影响	主要因素	没有影响
	路面维修	主要因素	主要因素	次要因素
	恶劣天气	次要因素	主要因素	次要因素

2.4.2 数据质量评价指标体系

针对高速公路交通数据中存在的 3 类异常数据，无法用单一的评价指标来评价数据的质量，本书设计了可靠率、缺失率、异常率和错误率 4 个数据质量评价指标来表征了交通数据质量。

（1）可靠率。

可靠率是指特定区域特定时间段内所有检测器采集到的可靠数据条数占此区域在此时间段内理论上应该采集到的数据条数的百分比，其中可靠交通数据包括正常交通数据和处于异常交通状态的数据，具体含义如式(2-10)所示。

$$I_t = \frac{S_{PN}}{S_{TS}} \times 100\% \qquad (2\text{-}10)$$

式中：I_t——可靠率指标；

S_{PN}——特定区域特定时间范围内所有检测器采集到的可靠数据的数量；

S_{TS}——特定区域特定时间范围内所有检测器理论上应该采集到的交通数据的数量。

（2）缺失率。

缺失率是指特定区域特定时间段内所有检测器采集到的缺失数据条数占此区域在此时间段内理论上应该采集到的数据条数的百分比，具体含义如式(2-11)所示。

$$I_l = \frac{S_{PL}}{S_{TS}} \times 100\% \qquad (2\text{-}11)$$

式中：I_l——缺失率指标；

S_{PL}——特定区域特定时间范围内所有检测器采集到的缺失数据的数量。

（3）异常率。

异常率是指特定区域特定时间段内所有检测器采集到处于异常交通状况的

数据条数占此区域此时间段内理论上应该采集到的数据条数的百分比,具体含义如式(2-12)所示。

$$I_A = \frac{S_{PA}}{S_{TS}} \times 100\% \qquad (2-12)$$

式中:I_A——异常率指标;
S_{PA}——特定区域特定时间范围内所有检测器采集到处于异常交通状态的数据数量。

(4)错误率。

错误率是指特定区域特定时间段内所有检测器采集到的错误数据条数占此区域在此时间段内实际采集到的数据条数的百分比,具体含义如式(2-13)所示。

$$I_f = \frac{S_{PF}}{S_{TS}} \times 100\% \qquad (2-13)$$

式中:I_f——错误率指标;
S_{PF}——特定区域特定时间范围内所有检测器采集到错误数据的数量。

2.4.3 交通数据质量评价方法

(1)交通数据质量宏观评价方法。

交通数据质量的宏观评价主要是针对上一小节中提到的4个数据质量评价指标,从管理者需求的角度出发,从宏观上考虑数据质量是否符合要求、是否可以被使用,宏观评价阈值可以通过德尔菲等专家打分的方式得出。

交通数据宏观评价的步骤如下:

①首先需要获取数据源,可以通过多种检测器,如地磁检测器、视频检测器等获取多源的交通数据,即地磁数据、卡口数据等。

②数据中心获取到多源交通数据后,不能直接进行数据的宏观评价,因为宏观评价的原则就是数据的微观质量评价,因此需要按照设定的规则先进行交通数据质量的微观评价。

③交通数据微观质量评价后,选取已评价数据构成待宏观评价数据集,然后确定其时间段和地点,最后计算数据集的4个数据质量评价指标。

④对4个数据质量评价指标预先设定阈值,阈值的设定可以通过分析现有数据的特性进行专家经验法设定,然后不断进行评价后重新设定阈值的循环,直至选定最符合需求的阈值。而在第③步中计算所得到的宏观数据指标评价值与阈值的大小关系是判断是否进行数据处理的关键。

（2）交通数据质量微观评价方法。

在上小节的交通数据质量宏观评价方法中，需要首先进行交通数据质量微观评价，即需要对数据进行缺失判定、异常判定、错误判定，具体判定原则如下。

①缺失判定就是寻找在现有的数据集中数据为空或在某个时间段内缺失的数据，通过微观的缺失数据判定可以对宏观的数据缺失率进行评价。

②异常判断就是寻找数据集中在特定时间段内波动较大的不同于大多数常规数据的异常数据，通过微观的异常数据判定可以对宏观的数据异常率进行评价。

③错误判断就是寻找在现有数据集中不符合交通流机理或交通参数阈值的数据，通过微观的错误数据判定可以对宏观的数据错误率进行评价。因此，本书根据以上三种故障数据，在下一节中设计了交通故障数据的识别方法和修复方法。

2.5　高速公路交通数据质量控制技术

交通数据质量控制分为非正常数据识别与修复两个步骤。基本思路是：首先建立相应的判别规则识别出缺失数据、错误数据以及异常数据，剩余的是没有质量问题的数据；对得到的缺失数据、错误数据以及异常数据进行修复，最终得到准确和完整的数据。具体实施步骤如图2-2所示。

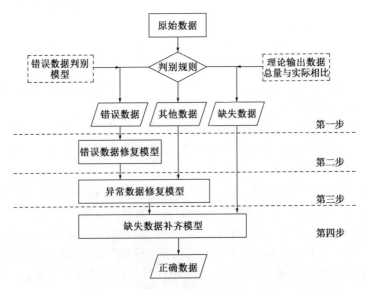

图2-2　交通数据质量控制的具体实施步骤

2.5.1 数据质量识别

非正常交通数据包括缺失数据、错误数据和异常数据。其中,缺失数据判定较为简单,只要数据值为空就认为该数据缺失,因此不再对缺失数据的识别方法进行具体介绍。但是,针对错误数据和异常数据的识别具有一定难度,本小节介绍错误数据和异常数据的识别方法。

2.5.1.1 错误数据识别

(1)阈值法。

阈值法的主要思想是指一个效应能够产生最大值或最小值,也就是利用该效应能够产生的临界值进行错误数据判断。应用到基于高速公路的多源交通数据预处理中,其思想就是根据道路等级、服务水平、交通控制与管理水平等一系列因素,确定该道路上交通参数的可能取值区间,依据可能区间,将区间外出现的交通参数值判定为错误数值并将其剔除。常见的是交通量、点速度、时间占有率作为错误数据剔除的交通参数。

①交通量。

交通量(q)是车辆检测器对车辆通行计数统计的结果,容易受到统计时间的影响,所以需要对其作为错误数据剔除参数的阈值进行修正。设修正系数为 f_c,则合理区间如式(2-14)所示:

$$0 \leqslant q \leqslant f_c \times C \times \frac{T}{60} \tag{2-14}$$

式中:q——交通量;

f_c——修正系数,一般取值在1.3~1.5之间;

C——道路通行能力(veh/h);

T——数据采集时间(min)。

②点速度。

点速度(v)是指车辆通过道路断面的速度,在选择点速度作为错误数据剔除参量时,是指某一断面的点平均速度。由于点速度检测时间比较短及车辆有可能出现超速现象,所以在错误数据剔除处理时,需要对参考速度区间加以修正,合理区间如式(2-15)所示:

$$0 \leqslant v \leqslant f \cdot v_1 \tag{2-15}$$

式中:v——点速度;

v_1——道路限制速度;

f——修正系数，一般取值在 1.3~1.5 之间。

③时间占有率。

时间占有率(O)一般是通过交通检测器获取的，它的含义是：在一定的观测时间段内，道路已知点被车辆占用的时间总和和观测时间之间的比值。由此可得合理的交通占有率区间如式(2-16)所示。

$$0 \leq O \leq 1 \quad (2-16)$$

式中：O——道路交通时间占有率。

由于原始数据采集信息中，交通量和速度是比较直观的交通信息，所以本书主要用到的方法是基于交通量和速度的阈值法。除此之外，在收费站数据的处理过程中，运用了基于进站统计时间和旅行时间的阈值排除法。

(2) 交通流机理法。

由于交通数据的复杂性和阈值法设置范围的宽泛性，故只使用单一的阈值判断并不能筛选出全部的错误数据，因此，下一步需要利用交通流机理法进行筛选，即通过交通参数之间的关系来筛选那些不符合常规情况的数据。采用交通流机理进行筛选并不能筛选出所有数据，而是通过交通流多属性之间的关系来找出个别情况下的错误数据。例如，交通量和速度同时为零，这条数据不符合交通流理论的内在关系，故判定为错误数据，需要删除或进行修复。本书根据交通流三参数之间内在的规律总结出异常性判断规则，见表 2-4。

交通流机理筛选规则　　　　　　　表 2-4

序号	交通量	速度	占有率	筛选结果
1	0	0	0	正常
2	0	0	0~95%	异常
3	0	0	95%~100%	正常
4	≠0	0	0	异常
5	≠0	0	≠0	异常
6	0	≠0	0	异常
7	0	≠0	≠0	异常

2.5.1.2 异常数据识别

充分运用统计学中大样本离群数据判别法，找出单一交通数据源中异常数据，通过固有变异性或偶然偏离性辨识离群值来源，进而区分常态与非常态交通运行数据。因此，本书将交通大数据中的异常数作为孤立点进行识别。

Hawkins 给出了孤立点本质性定义：孤立点是在数据集中与众不同的数据，使人怀疑这些数据并非随机偏差，而是产生于完全不同的机制。即孤立点就类似于聚类算法中那些偏离大数据样本的些许小样本数据。孤立点检测算法在非交通的其他非交通领域应用很广，而在交通领域也可以找出波动异常的数据。

目前，现有的传统的孤立点检测算法的基本思想都是计算两两数据之间的距离或密度等能够评判数据波动的指标，主要有以下 5 种：

（1）基于统计的孤立点检测算法。

基于统计的孤立点检测算法核心是首先观察数据集中数据的特征，然后按照其特征建立数学分布模型，最后确定不符合此数学分布模型的数据为孤立点数据。但是在现实情况下，并不能看出数据的分布，而且大多数的数据并不符合理想状态下的数据分布，因此在孤立点检测是存在很大难度。此外，基于统计的孤立点检测算法比较适用于单一属性的异常数据检测，但是实际的交通数据大都是多属性的，故此方法在交通数据的孤立点挖掘方面存在困难。

（2）基于距离的孤立点检测算法。

基于距离的孤立点检测算法的核心思想是以数据之间相邻距离来检测小样本数据，相邻距离远的即没有邻居的点被判定为孤立点。其基本流程可以描述为在数据集 U 中，至少存在 M 个与对象 N 之间的距离大于 d 的数据，则数据点 N 被判定为带参数 M 和 d 的异常数据。相对于基于统计的孤立点检测算法，基于距离的孤立点检测算法的优势在于它不需要去观察数据的特征和分布特性。但是，基于距离的孤立点检测算法中多少个对象距对象 N 之间的距离大于多长的距离是很难确定的，不同的 M 和 d 所带来的结果也是不同的。而且基于距离的孤立点检测算法是从数据的整体出发，但是交通数据在不同的时间段会有不同的变化规律，因此方法在交通数据的孤立点挖掘方面也存在一定的困难。

（3）基于密度的孤立点检测算法。

基于密度的孤立点检测技术的核心思想是通过局部异常点因子 LOF 确定异常点数量。首先需要定义局部范围值，靠近范围中心点的对象的 LOF 接近于 1，而在范围以外的对象的 LOF 值大于 1，因此，通过 LOF 与 1 的比较可以判断出异常值。但是基于密度的孤立点检测算法中的局部范围值很难确定，不同的范围值会有不同的筛选结果。

（4）基于偏离的孤立点检测算法。

基于偏离的孤立点检测算法的基本思想是首先观察数据集中数据的特征，如果某对象的数据特征不符合应有的或给定的特征描述，则判定为异常值。现有的基于偏离的孤立点检测算法主要有两种：序列异常技术和 OLAP 数据立方体方法。

OLAP数据立方体方法的基本思想是通过数据立方体在反映多维交通数据中的异常区域,通过统计模型得到的期望值与一个对象立方体的单元值比较,如果有显著的差异,则该对象为异常值。但是,面对多层维度多层概念的交通数据集中,人工观察就非常困难。

序列异常技术的基本思想是通过数据集总体的方差来确定相异度函数,从而描述数据集的基本特征,因此,所有不符合此特征描述的对象为异常值。但是,由于交通数据的复杂性,且此方法对异常值的判定太过于理想化,故并不适应。

(5)基于聚类的孤立点检测算法。

基于聚类的孤立点检测算法的基本思想是将孤立点检测的过程看成聚类的过程,首先将数据集中的数据通过现有的聚类模型聚成簇,而那些不在簇内的数据被看作异常数据。

利用传统的孤立点检测算法对于交通多属性数据进行异常数据识别存在一定的困难。因为若采用传统的孤立点检测算法就只能就交通数据中的每一个属性分别进行检测,而在交通大数据的环境下,此类方法无疑是大大增加了运算的复杂程度。而且交通量、速度、占有率等之间有着内在的规律,传统的孤立点检测算法无疑是将各个参数之间的关系分割开来,不利于异常数据的检测。

2.5.2 数据质量修复

2.5.2.1 基于时间维度的故障数据修复

基于时间维度的交通数据修复常用的方法有两种:一是基于时间序列的方法,即利用临近时刻交通流参数数据进行平滑外推,从而达到修复数据的目的;二是基于历史数据的方法,利用与缺失数据或错误数据有着相同居民出行规律的历史时刻的数据来进行加权平均,进而达到修复数据的目的。

(1)基于时间序列的交通数据质量控制。时间序列法理论基础充分,容易理解;但是理论模型多为线性估计模型,因此方法适用于道路流量数据齐全,且在一定时期内的流量数据基本稳定的情况。时间序列法首先分析道路的历史流量数据,发现其变化规律和发展趋势,然后根据流量数据的特征进行建模。常用的时间序列预测方法有移动平均法、指数平滑法、自回归平均移动法等。交通流数据从本质上来说属于时间序列数据。因此,基于时间序列的各种数据预测方法都应该适合数据的恢复。但是,考虑到交通数据需要很强的在线实时处理能

力,本书没有考虑采用复杂的神经网络、模糊逻辑等时间序列数据预测方法,而是采用简单的预测方法:

$$\hat{x}_i = \frac{x_{i-1} + x_{i-2} + \cdots + x_{i-k}}{k} \quad (2\text{-}17)$$

式中:$\hat{x}_i$——第i个时间段的交通参数估计值;

k——平滑采用的宽度。

这种方法对于任何时间序列的变量都是适合的,特别是对于孤立的错误数据的恢复,具有较好的效果。但是在连续多于5个异常数据点后,这种方法就不适用了。因此,需要考虑交通流的内在时空相关特性,建立新的数据恢复的方法。

(2)基于历史数据的交通数据质量控制。时间相关性是指交通流在时间上存在相似性。居民出行分布的规律特性,决定了不同天同一时间段内的交通流的稳定性。因此,利用这一特点,采用相同时间段的历史数据对故障数据进行恢复。具体方法如下:

$$\hat{x}_i = Hx_i \quad (2\text{-}18)$$

式中:$\hat{x}_i$——估计值;

Hx_i——历史数据。

这种方法简单易行,能够解决时间序列预测方法对于连续异常数据处理能力不足的问题。但是其也存在一些问题,如不能反映交通流的真实变化情况,由于历史数据是经过平滑后的,因此也不能维持数据的一些自然波动特性。

2.5.2.2 基于空间维度的故障数据修复

空间相关性是指交通流数据在空间上存在相似特性,比如城市快速路或高速公路的不同车道之间、上下游之间存在着一定的相关关系。由于存在这种相关关系,就可以利用其作为数据的恢复的依据。具体方法如下:

$$\hat{q}_i(k) = \frac{1}{n-1} \sum_{j=1}^{n} \frac{\mathrm{Hq}_i(j)}{\mathrm{Hq}_i(k)} q_i(j) \quad j \neq k \quad (2\text{-}19)$$

式中:$\hat{q}_i(k)$——第i个时间段第k条车道流量预测值;

$\mathrm{Hq}_i(j)$——第i个时间段第j条车道流量的历史值;

$q_i(j)$——第i个时间段第j条车道流量的实测值;

n——车道数。

该方法是利用不同车道之间历史上的参数比例关系,从而通过其他车道已知的交通数据来推算未知车道的交通参数。这一方法能够避免采用历史数据进行预测时不能反映实际交通状态的弱点，提高了预测数据的实时变化特性。

对于交通量数据，如果没有历史数据，则按照同一个时间段相邻车道交通量加权平均进行预测：

$$\hat{q}_i(k) = \frac{1}{n-1}\sum_{j=1}^{n} q_i(j) \quad j \neq k \tag{2-20}$$

对于时间占有率和平均速度的预测公式如下：

$$\hat{o}_i(k) = \frac{\sum_{j=1}^{n} q_i(j) o_i(j)}{\sum_{j=1}^{n} q_i(j)} \quad j \neq k \tag{2-21}$$

$$\hat{v}_i(k) = \frac{\sum_{j=1}^{n} q_i(j) v_i(j)}{\sum_{j=1}^{n} q_i(j)} \quad j \neq k \tag{2-22}$$

式中：$\hat{o}_i(k)$、$\hat{v}_i(k)$——第 i 个时间段第 k 条车道时间占有率和平均速度预测值；

$o_i(j)$、$q_i(j)$——第 i 个时间段第 j 条车道时间占有率和平均速度实测值。

该方法采用其他车道的时间占有率与速度的流量加权平均值作为预测值，保证在没有历史数据的条件下也能通过空间位置关系对交通参数进行恢复。

2.6 本章小结

本章首先介绍了交通检测器种类、布设方法和数据质量管理的研究现状；其次介绍了高速公路交通数据的分类、常见检测技术以及检测器部署策略；然后介绍了高速公路非正常交通数据种类、数据质量评价体系以及控制方法；最后介绍了常见的异构数据预处理方法。

本章参考文献

[1] 展凤萍.智慧高速公路交通检测器组合布设方法研究[D].南京：东南大学，2017.

[2] 张文溥.道路交通检测技术与应用[M].北京：人民交通出版社，2010.

[3] YANG H, ZHOU J. Optimal traffic counting locations for origin-destination matrix estimation[J]. Transportation Research Part B, 1998, 32(2):109-126.

［4］ BIANCO L,CONFESSORE L,REVERBERI P. A network-based model for traffic sensor location with implications on OD matrix estimates［J］. Transportation Science,2001,35(1):50-60.

［5］ GAN L,YANG H,WONG S C. Traffic counting location and error bound in origin destination matrix estimation problems［J］. Journal of Transportation Engineering, 2005,131(7):524-534.

［6］ HU S R,PEETA S,LIOU H T. Integrated determination of network origin-destination trip matrix and heterogeneous sensor selection and location strategy［J］. IEEE Transactions on Intelligent Transportation Systems, 2015, 17 (1): 195-205.

［7］ 杜长飞. 基于OD估计的路网交通检测器优化布设研究［D］. 北京:北京交通大学,2012.

［8］ 李梦莹. 基于全路段流量估计的路网检测器优化布设研究［D］. 南京:东南大学,2018.

［9］ VITI F,VERBEKE W,TAMPÈRE C. Sensor locations for reliable travel time prediction and dynamic management of traffic networks［J］. Transportation Research Record, 2008,2049(1):103-110.

［10］ BAN X,HERRING R,MARGULICI J D, et al. Optimal sensor placement for free way travel time estimation［J］. Golden jubilee. Springer, Boston, MA, 2009:697-721.

［11］ PARK H,HAGHANI A. Optimal number and location of bluetooth sensors considering stochastic travel time prediction［J］. Transportation Research Part C: Emerging Technologies,2015,55:203-216.

［12］ GENTILI M,MIRCHANDANI P B. Review of optimal sensor location models for travel time estimation［J］. Transportation Research Part C:Emerging Technologies,2018,90(5):74-96.

［13］ 储浩,杨晓光,李克平. 基于行程时间估计的快速路检测器布设密度优化方法研究［J］. 公路交通科技,2006,23(5):84-87.

［14］ GENTILI M,MIRCHANDANI P B. Location of active sensors on traffic network［J］. Annals of Operations Research,2005,136:229-257.

［15］ CASTILLO E,MENENDEZ J M,JIMENEZ P. Trip matrix and path flow reconstruction and estimation based on plate scanning and link observations［J］. Transportation Research Part B:Methodological,2008,42(5):455-481.

[16] MINGUEZ R,SANCHEZ-CAMBRONERO S,CASTILLO E,et al. Optimal traffic plate scanning location for OD trip matrix and route estimation in road networks[J]. Transportation Research Part B:Methodological,2010,44(2):282-298.

[17] YANG J,SUN J. Vehicle path reconstruction using automatic vehicle identification data:An integrated particle filter and path flow estimator[J]. Transportation Research Part C:Emerging Technologies,2015,58:107-126.

[18] 樊升印.基于视频车牌识别技术高速公路联网收费路径识别系统的设计与实现[D].西安:长安大学,2017.

[19] 孙凯.高速公路多路径识别技术研究及实现[D].郑州:郑州大学,2013.

[20] 张彬彬.高速公路交通事件检测算法及检测器布设方案研究[D].长春:吉林大学,2005.

[21] 王静.高速公路交通检测器布设方案研究[D].西安:长安大学,2007.

[22] 罗时春.高速公路交通事件自动检测算法研究[D].南京:东南大学,2009.

[23] 刘政威.考虑交通事件检测的固定型交通检测器布设方法研究[D].南京:东南大学,2011.

[24] 张萌萌,杨阳,王世广,等.基于事件检测效益的高速公路交通检测器布设方案研究[J].公路,2013,8:213-218.

[25] Washington. D. C. U. S. Department of Transportation. Traffic Data Quality Measurement[R]. Washington. D. C,U. S. Department of Transportation,2004.

[26] AHN K,RALHA H,HILL D. Data quality white paper[R]. Washington. D. C.:Department of Transportation,FHWA-HOP-08-038,2008.

[27] 施莉娟,朱健,陈小鸿,等.基础交通数据质量评价研究[J].交通信息与安全,2011,29(5):57-61.

[28] 牛世峰,姜桂艳.交通数据质量宏观评价与控制方法[J].公路,2012(12):119-123.

[29] 文峰.数据组织过程中的数据质量评价研究[J].软件导刊,2013,12(11):132-134.

[30] 庄广新,谷远利,马韵楠,等.基于AHP灰色理论的道路交通流数据质量评价[J].山东科学,2017,30(1):69-75.

[31] JACPBSON,NIHAN N L. BENDER J D. Detecting Erroneous Loop Detector Data in a Freeway Traffic Management System[J]. In Transportation Research Record 1287. Transportation Research board Washington, D. C., 1990:

151-160.

[32] DAILEY D J. Improved Error Detection for Inductive Loop Sensors[J]. Publication WA-RD 300.1, Washington State. Department of Transportation,1993.

[33] VANAJAKSHI L,RILETT L R. Loop Detector Data Diagnostics Based on Conservation-of-Vehicles Principle[J]. Transportation Research Record, Washington D. C. ,2004(1870):162-169.

[34] 耿彦斌,于雷,赵慧. ITS 数据质量控制技术及应用研究[J]. 中国安全科学学报,2005,15(1):82-87.

[35] 秦玲,郭艳梅,吴鹏,等. 断面交通检测数据检验及预处理关键技术研究[J]. 公路交通科技(应用技术版),2006(11):39-42.

[36] GOLD D L,TUMER S M,GAJEWSJI B J,et al. Imputing missing values in its data archives for intervals under 5 minutes[C]. Transportation Research Board,2001.

[37] SMITH B L,SCHERER W L,CONKLIN J H. Exploring imputation techniques for missing data in transportation management systems[J]. Transportation Research Record:Journal of the Transportation Research Board,2003,1836:132-142.

[38] ZHONG M,LINGRAS P,SHARMA S. Estimation of missing traffic counts usingfactor, genetic, neural, and regression techniques[J]. Transportation Research Part C. 2004,12:139-166.

[39] NI D,LEONARD J D,GUIN A,et al. Multiple imputation scheme for overcoming the missing values and variability issues in ITS data[J]. ASCE Journal of Transportation Engineering,131(12):931-938.

[40] MIN W,WYNTER L. Real-time road traffic prediction with spatio-temporal correlations[J]. Transportation Research Part C:Emerging Technologies,2011,19(4):606-616.

[41] 蒋锐,王均. 道路交通流数据检验与修复方法[J]. 交通与计算机,2006,24(6):65-67.

[42] 胡超伟,刘君,丛浩哲,等. 实时交通流数据缺失修复方法对比研究[J]. 第八届中国智能交通年会论文,2013:205-209.

[43] QU L,ZHANG Y,HU J M,et al. A BPCA Based Missing Value Imputing Method for Traffic Flow Volume Data[C]. 2008 IEEE Intelligent Vehicles

Symposium, Eindhoven, IEEE Intelligent Transportation Systems Society, 2008: 985-990.

[44] QU L, LI L, ZHANG Y, et al. PPCA-Based Missing Data Imputation for Traffic Flow Volume: A Systematical Approach[C]. IEEE Transactions On Intelligent Transportation Systems, New York, NY, IEEE Intelligent Transportation Systems Society 2009, 10(3): 512-522.

[45] ZHANG Y, LIU Y C. Missing Traffic Flow Data Prediction using Least Squares Support Vector Machines in Urban Arterial Streets[C]. IEEE Symposium on Computational Intelligence and Data Mining, Nashville, TN, USA, 2009: 76-83.

[46] TAN H, FENG G, FENG J, et al. A tensor-based method for missing traffic data completion[J]. Transportation Research Part C. 28(2013): 15-27.

[47] 耿彦斌. 城市道路交通流数据质量控制理论与模型[D]. 北京: 北京交通大学, 2006.

[48] 金逸文. 城市快速路交通流数据修复方法研究[D]. 上海: 上海交通大学, 2008.

[49] 温晓岳. 区域交通流残缺信息修复与时空特性分布特性分析[D]. 杭州: 浙江工业大学, 2009.

[50] 方匡南, 谢邦昌. 基于聚类关联规则的缺失数据处理研究[J]. 统计研究, 2011, 28(2): 87-92.

[51] 邹小芳. 城市快速路交通流故障数据修复方法研究[D]. 北京: 北京交通大学, 2014.

[52] 王英会. 高速公路交通流异常数据识别及修复方法研究[D]. 北京: 北京交通大学, 2015.

第3章

高速公路多源交通数据融合方法

数据融合技术兴起于20世纪70年代。数据融合技术综合利用统计估计、信息与信号处理、人工智能、认知科学、模式识别以及信息论等领域的各种知识,对传感器采集到的多源数据进行融合处理,得到研究对象更加完全准确的信息。它有效处理了数据多样化和冗余问题。

目前,高速公路沿线布设了各种各样的交通信息检测器,但由于不同检测器本身的结构与优缺点,其能够检测到的数据类型和对道路交通状况的表征各有差异。数据融合技术对不同检测器所获取的多类型交通检测数据资源进行融合,从而发挥多传感器检测数据在空间或时间上的冗余与互补作用,以获得对高速公路研究对象交通状态更加精确和一致的描述,从而可以为高速公路交通流状态评估、出行诱导和交通管理与控制等提供更加可靠的依据。

本章首先梳理交通数据融合的国内外研究现状,然后阐述高速公路多源交通数据融合的框架和方法,最后详细介绍基于多源数据融合的高速公路交通量估计方法。

3.1 研究现状

20世纪70年代末,在公开发表的技术文献中开始出现基于多传感器数据真正意义的"融合"一词[1]。1998年成立的国际数据融合学会(International Society of Data Fusion,ISDF)总部设在美国,每年都举办一次数据融合国际学术大会,系统总结该领域的阶段性研究成果以及介绍该领域最新的研究进展。目前,多传感器数据融合技术已发展为一个十分活跃的热门研究领域,是多学科、多领域共同关心的关键技术[2]。近年来,国内外学者积极探索数据融合技术在交通领域的应用,在交通流参数估计、交通事件检测、交通状态预测、出行诱导、运营管理等应用场景取得了诸多研究成果。

（1）面向交通流参数估计的数据融合。

交通流参数估计是开展交通评价和管控的基础,多个交通检测器检测结果的融合可以有效提高交通流参数估计的准确度。Zou[3]等通过静、动态高速公路检测器的布局建立了路段行程时间估计模型,结合BP神经网络算法,得到了优于单检测器的路段时间估计结果。Bachmann等[4]研究并对比了7种基于多个传感器的数据融合方法,将固定检测器和移动检测器所获取的数据进行融合处理来估计区间速度,基于不同融合方法的实验结果均显示出融合估计效果优于单源检测数据估计,表明数据融合技术在提高高速公路区间速度估计精度方面发挥着重要作用。Shi等[5]构建了一种数据融合框架,包括数据预处理、分布融合和后验更新三个步骤,融合来自视频图像检测器和微波检测器的多源异构数据来估计行程时间。研究表明,该融合方法对于拥堵道路网络中行程时间的估计有较高的准确性和鲁棒性。Jesus等[6]融合GPS浮动车数据和线圈检测数据,讨论浮动车渗透率对预测精度的影响,分别建立了基于多源数据的交通密度、流量和速度预测模型,实证结果表明融合模型提高了交通流参数的预测精度。杨兆升、冯金巧[7]等利用三种交通检测器的交通数据,结合卡尔曼滤波法提出高速公路断面流量的融合预测模型,结果表明,每两种检测数据之间的融合结果具有相接近的结果,模型具有合理性。胡郁葱等[8]基于"两客一危"浮动车数据和收费数据的特性,构建了支持向量回归（SVR）融合模型,对两种数据源进行融合来估计路段平均速度。采用实际数据的验证结果表明,多源数据融合方法能够弥补单源检测器数据的局限性,得到的结果更符合实际情况,从而实现更准确的交通参数估计。

（2）面向交通状态预测的数据融合。

通过多模型交通状态预测结果的融合,可以有效克服随机性和不稳定性对交通状态预测的不利影响。Seo等[9]建立了一种基于联合卡尔曼滤波算法的交通状态估计模型,融合小型成像卫星数据和联网车辆数据,并通过实验仿真模拟验证了该方法的精度。翟雅峤[10]等建立了基于卡尔曼滤波法的短时交通状态预测,再根据卡尔曼滤波法进行了多源交通数据融合研究,对路段交通状态进行了等级划分。韩坤林[11]从现有高速公路交通检测设备出发,对车检器数据和高速公路收费站数据进行了融合分析,建立了基于高速公路的异常状态识别模型,有效地补充了单一检测器在道路状态识别中误差较大的问题。何赏璐[12]基于BP神经网络算法和递进式扩展卡尔曼滤波算法,融合手机信令数据和固定检测数据,建立了多源异构交通信息融合模型。姚午开等[13]采用极限学习机算法,通过对收费数据与浮动车GPS数据的融合处理,对道路交通状态进行估计并取得了较好的效果。

(3)面向交通事件检测的数据融合。

通过融合视频、线圈等多种传感器数据,开展多源信息互补,可以实现更加准确和高效的事件检测与定位。Ruhé等[14]基于模糊逻辑理论,建立了一种将空中交通监控与传统的地面交通流检测相结合的新型监控系统,融合环形线圈检测器的局部检测数据和空中监控的瞬时图像信息,从而更好地管理重大交通事件。Mehrannia等[15]采用D-S证据推理法,利用多源数据的冗余互补特性,融合多种传感器数据,从而实现更加准确和高效的事件检测与定位。翁剑成等[16]基于D-S证据理论,提出了多源数据道路事故检测方法,该方法将卫星定位数据、固定传感器数据、事故数据相融合,减少了误判率,增强了事故检测的覆盖率。杨梅[17]在综合分析感应线圈检测器和视频检测器两种检测技术特性的基础上,设计了一种基于多源检测数据的事件检测系统,实验结果证明了将数据融合应用于事件检测的有效性。张雯靓[18]建立了一种高速公路事件检测信息融合框架,除微波检测器、手机切换定位检测等获取的交通信息外,同时融合气象信息,利用信息融合技术实现检测信息互补,从而改善高速公路交通事件检测的效果。

(4)面向出行诱导与运营服务的数据融合。

通过收集多个方面的交通数据,可以为高速出行用户提供更加全面、精准的出行诱导和运营服务信息。Dong[19]基于BP神经网络构建多源检测数据融合模型,采用北京高速公路的实际数据对模型进行训练,并根据不同时段,将训练过程分为早高峰、平峰和晚高峰三个部分,融合了不同检测器的断面车速,得到了更真实的交通速度信息,为交通管理、控制和诱导提供了依据。金照等[20]基于数据融合技术中的高阶神经网络方法建立模型,得出在行驶距离、拥挤程度、行程时间、道路质量4个方面的最优行车路线,满足用户需求。熊文华[21]等人就浮动车数据和固定线圈数据,利用交通仿真模型和BP神经网络算法,实现了多源交通融合数据在交通管理与控制系统中的有效运用。丛玉良[22]等人提出了基于固定检测器和浮动车的交通数据,利用卡尔曼滤波法提出了联合卡尔曼滤波器的多源交通检测数据融合算法,通过对路段行程时间的估计预测,得到了更加接近实际交通运行状态的路段旅行时间,表明了模型的可行性与准确性。王殊[23]建立了多个服务区横向评价指标体系,通过逼近理想解排序方法模型和距离综合评价法,依据指标数值大小对多个服务区服务水平进行高低排序。田佳[24]根据服务区实时车辆驶出与驶入基础数据、服务区高清卡口系统视频识别数据、各项服务设施效率等建立了高速公路服务区运行指数模型,其中高清卡口系统能识别车牌号、车型并记录车辆通过时间和车辆信息。

综上所述,国内外的专家学者在多源交通数据融合理论以及算法研究等方面作出了很大的努力,而且也取得了相当大的成果,但是现有数据融合研究多是针对理想条件下的数据,缺少对原始数据的质量分析,几乎没有针对不同数据缺失情况的系统性的融合模型研究,因此融合模型的实用性有待进一步提高。

3.2 多源交通数据融合框架

多源交通数据融合本质上是一个不同维度、不同时段、不同层次上的复杂和智能化描述及计算过程。数据融合具有不同的层次,同时数据融合算法的有效性需要特定的评估指标来度量。

本节介绍数据融合的层次和有效性评估方法。

3.2.1 数据融合的层次

按照数据融合系统中信息处理的抽象程度,数据融合可以分为三个层次:数据层融合、特征层融合和决策层融合。

(1)数据层融合。

数据层融合是指对多传感器原始检测数据未经预处理之前进行的数据分析和综合,是在原始数据层上的直接操作,属于最低层次的数据融合。高速公路领域的数据层融合需要组合、关联、格式化不同交通检测器所收集的原始数据,采用融合算法进行处理,以得到更为准确交通流参数信息,研究中常涉及的包括交通量、区间速度和路段行程时间等。

数据层融合的优点是能够尽可能多地保存检测数据,缺点是由于数据量大,造成数据信息处理难度大,实时性较差。数据层融合流程如图3-1所示。

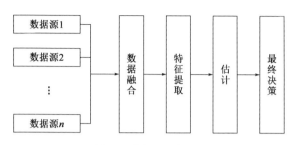

图 3-1　数据层融合流程

（2）特征层融合。

特征层融合是指将来自传感器的多源数据先进行特征提取（所选取特征应具有代表性，能够充分体现数据的表示特性和统计学特性），然后针对提取的数据特征进行融合分析和处理。高速公路领域的特征层融合包括统计、分割或聚类过程，需要在数据层融合的基础上，从不同类型的交通检测器中提取有意义的特征，然后融合这些特征应用于具有现实意义的交通场景，如开展交通状态估计、进行拥堵预测、检测交通事件等。

特征层融合的优点是实现了检测数据的压缩，提取了与决策相关的特征信息，有利于信息的实时处理；缺点是特征层融合在特征提取时没有统一的模式。特征层融合流程如图 3-2 所示。

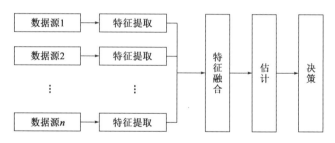

图 3-2　特征层融合流程

（3）决策层融合。

决策层融合是指各数据源针对同一决策目标均有独立的数据处理能力，并作出决策，包括了对原始数据的处理、所需信息的特征提取以及对目标进行决策的过程，通过对不同数据源得到的结论进行融合，得出对决策目标的最终判断结果。高速公路交通领域的决策级融合需要在前两级融合的基础上，通过选择、推理和决策，生成相应的交通管理与控制方案，如基于拥堵预测控制匝道策略，融合事故信息、车辆优先通行信息和道路信息生成交通管控方案等。

决策级融合具有动态性高、容错性高、鲁棒性强等优点，在面对一个或者部分传感器失效的突发情况下,可以通过灵活选取数据源结果,增强决策的容错能力。其缺点是前端处理费用高,结果不具备广泛适用性。决策层融合流程如图 3-3 所示。

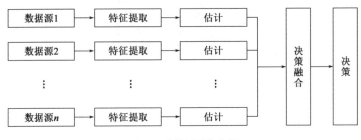

图 3-3　决策层融合流程

3.2.2　数据融合有效性评估指标

目前应用较为广泛的三种数据融合有效性评估指标是平均绝对误差(Mean Absolute Error,MAE)、均方根误差(Root-Mean-Square Error,RMSE)、均方根百分比误差平均绝对百分比误差(Mean Absolute Percentage Error,MAPE)。

(1) 平均绝对误差(MAE)。

平均绝对误差(MAE)是最直观的一种有效性度量指标,表示估计值相对于实际值之间绝对误差的平均值。该评估指标赋予所有误差相同的权重。MAE 的计算公式如式(3-1)所示：

$$\text{MAE} = \frac{1}{n}\sum_{i=1}^{n}|x_i - \hat{x}_i| \qquad (3\text{-}1)$$

(2) 均方根误差(RMSE)。

均方根误差 RMSE 是通过确定估计误差方差得出预测误差的标准偏差。RMSE、MSE 分别相当于 L2 范数和 L1 范数,由于误差在平均之前是平方的,因此 RMSE 对较大的误差赋予了相对较高的权重。这就意味着,RMSE 对异常值敏感,当不希望出现值特别大的误差时,RMSE 比较适用。RMSE 的计算公式如式(3-2)所示：

$$\text{RMAE} = \sqrt{\frac{1}{n}\sum_{i=1}^{n}(x_i - \hat{x}_i)^2} \qquad (3\text{-}2)$$

均方误差(MSE)与均方根误差(RMSE)的含义相同,且二者的值呈现正相关性,由于 MSE 公式中的平方会改变量纲,为了消除量纲的影响,通常采用 RMSE,即 MSE 开方的值作为评价指标。

(3)平均绝对百分比误差(MAPE)。

平均绝对百分比误差(MAPE)以百分比形式表现,通过计算误差的平均比率归一化绝对误差,表示估计值较真实值的偏离百分比,相对于其他评估指标更易于理解。但是 MAPE 是不对称的,即对于负误差赋予的权重要高于正误差,更适用于预测不足而不是过度预测的模型。MAPE 的计算公式如式(3-3)所示:

$$\text{MAPE} = 100 \times \frac{1}{n}\sum_{i=1}^{n}\frac{|x_i - \hat{x}_i|}{x_i} \tag{3-3}$$

3.3 多源交通数据融合方法

在交通数据融合研究中,目前较为主流的方法有基于经典统计与推理的数据融合方法和基于人工智能的数据融合方法两类;第一类方法基于成熟的数学理论上的研究,如贝叶斯方法、滤波器理论、D-S 证据理论(一种不精确推理理论)等。第二类方法计算简便、速度快,且更符合人脑的推理机制,在高级数据、推理决策等方面表现出很大优势。

3.3.1 基于经典统计与推理的数据融合方法

3.3.1.1 基于贝叶斯(Bayes)估计的数据融合

Bayes 估计是一种常用的不确定性推理方法,它提供了一种根据一定的概率规则"合并"多源信息的方法。Bayes 估计将多源信息提供的各种不确定性信息以概率的形式表示,假定估计的模型参数满足一定分布的随机变量,给出待估参数的先验分布;然后利用概率论中 Bayes 条件概率公式进行处理。

Bayes 估计是一种既简单又功能强大的分类技术,设 $A_1, A_2, \cdots, A_m$ 为样本空间 S 的一个划分,满足式(3-4)~式(3-6)的条件:

$$A_i \cap A_j = \emptyset \quad i \neq j \tag{3-4}$$

$$A_1 \cup A_2 \cup \cdots \cup A_m = S \quad i \neq j \tag{3-5}$$

$$P(A_1) > 0 \quad i = 1, 2, \cdots, m \tag{3-6}$$

则对任一事件 $B, P(B) > 0$,有:

$$P\left(\frac{A_i}{B}\right) = \frac{P(A_i B)}{P(B)} = \frac{P\left(\frac{B}{A_i}\right)P(A_i)}{\sum_{j=1}^{m}P\left(\frac{B}{A_j}\right)P(A_j)} \tag{3-7}$$

基于 Bayes 估计的数据融合的基本思想是利用贝叶斯规则产生事件或数据源的后验分布,根据后验概率将现有数据信息与某个似然函数相结合,从而总结输入状态作出决策。基于 Bayes 估计的数据融合框架如图 3-4 所示。

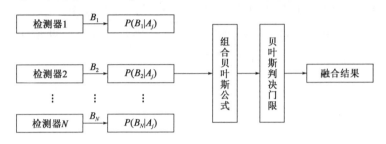

图 3-4 基于 Bayes 估计的数据融合框架

但是,Bayes 估计在对概率分布进行描述时存在一定的困难,无法描述特定传感器状态下的不确定性水平,这可能会阻碍该数据融合技术的应用,因为传感器数据本质上具有高度不确定性。不确定性有多种形式,主要包括:①不完整——传感器可能会遗漏部分数据;②不精确——传感器可能只提供近似值;③不一致——传感器数据可能并不总是一致;④模糊性——来自不同传感器的数据流可能无法相互区分。而且假设信息源相互独立的条件在实际应用中也十分受限。

3.3.1.2 基于卡尔曼(Kalman)滤波的数据融合

Kalman 滤波器(Kalman Filter,KF)是一种线性估计器,又称线性二次估计,用于处理随时间变化的未知状态估计,通过递归预测动态系统的瞬时状态。KF 算法主要分为预测和更新两个处理阶段。状态估计根据先前状态和控制量来对当前状态进行预测,更新过程则是通过比较实际测量值与状态估计值之间的误差来检测预测结果,通过重复更新当前状态实现多传感器信息的最优融合与估计。基本方程如式(3-8)、式(3-9)所示。

(1) 系统的状态方程:

$$x(t+1) = F(t)x(t) + G(t)w(t) + \delta(t) \tag{3-8}$$

式中:$F(t)$——状态转移矩阵;

$G(t)$——控制输入模型;

$w(t)$——输入信号;

$x(t)$——状态向量;

$\delta(t)$——噪声过程。

（2）系统的观测方程：
$$z(t) = H(t)x(t) + w(t) \tag{3-9}$$
式中：$z(t)$——观测变量；
$\omega(t)$——观测噪声。

基于 Kalman 滤波的数据融合框架如图 3-5 所示。

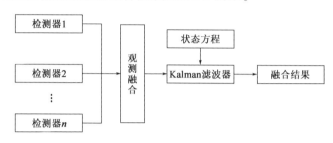

图 3-5　基于 Kalman 滤波的数据融合框架

基于 Kalman 滤波的数据融合的优势在于能够减少传感器信息的输入噪声，实现动态系统的实时估计。另外，在其融合过程中，唯一的关键数据是传感器信号的先前状态，所以该递推特性使得不需要在系统内存中存储大量数据。但是与之相对应的是，组合信息大量冗余时会导致计算量剧增。

3.3.1.3　基于 D-S 证据理论的数据融合

D-S 证据理论是传统概率方法的一种延伸，由于基于贝叶斯决策理论处理传感器数据不确定性的能力有限，研究者们逐渐探索将证据推理作为贝叶斯概率法的有效替代方案，它能够在不需要知道先验概率的情况下很好地表示"不确定"，因此在处理数据不确定性方面具有优势。由 Dempster 构建出证据推理方法的模型框架，Shafer 随后在该框架的基础上进行补充，形成了 Dempster-Shafer 证据理论（D-S 证据理论）方法。该方法采用确定性置信区间来代替贝叶斯方法的单点概率，可以评估不同来源信息的信任度，所以在多传感器和异构数据融合处理方面具有很强的适用性。

基于 D-S 证据理论的多传感器信息融合框架如图 3-6 所示。

在 D-S 证据推理方法中有三个主要函数，分别是基本概率赋值函数（BPAF）、信任函数（Belief Function，Bel 函数）和似然函数（Plausibility Function，Pl 函数）。每个证据都由一个基本概率分配表示，该分配即为基本概率赋值函数；信任函数又被称为下限函数，信任度 Bel(H) 对信任程度的下限估计，表示证据对命题 H 支持的信任程度；似然函数为上限函数，似然度 Pl(H) 是对信任程

度的上限估计,表示证据不否定命题 H 的信任程度。信任度和似然度之间的关系如式(3-10)所示:

$$\text{Pl}(H) = 1 - \text{Bel}(-H) \tag{3-10}$$

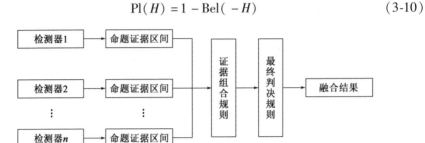

图 3-6 基于 D-S 证据理论的多传感器信息融合框架

由此,$[\text{Bel}(H), \text{Pl}(H)]$ 构成了支持命题 H 的置信区间,也称信任区间。D-S证据理论信任区间如图 3-7 所示。

图 3-7 D-S 证据理论信任区间

该理论主要由组合规则与判定规则组成。证据组合规则是 D-S 证据理论的关键要素,在该规则中,当任意一条证据拒绝某个命题时,无论其他证据的信任度值有多大,合成结果为该命题被否定。组合规则表示如式(3-11)、式(3-12)所示:

$$(m_1 \oplus m_2 \oplus \cdots \oplus m_n)(A) = \frac{1}{K} \sum_A m_1(H_1) \cdot m_2(H_2) \cdots m_n(H_n) \tag{3-11}$$

$$K = \sum_{A_1 \cap \cdots \cap A_n \neq \varnothing} m_1(H_1) \cdot m_2(H_2) \cdots m_n(H_n) \tag{3-12}$$

式中:K——归一化因子。

最终判决规则判断将多传感器的信息的融合是否达到标准,从而最终得到融合结果。若 H_1 和 H_2 表示 Θ 中的两个子集,且满足式(3-13)~式(3-15),则 H_1 为最终的融合结果。

$$m(H_1) = \max\{m(H_i), H_i \in \Theta\} \tag{3-13}$$

$$m(H_2) = \max\{m(H_i), H_i \in \Theta, H_i \neq H_1\} \tag{3-14}$$

$$\begin{cases} m(H_1) - m(H_1) > \varepsilon_1 \\ m(U) < \varepsilon_2 \\ m(H_1) > m(U) \end{cases} \quad (3\text{-}15)$$

式中：U——不确定命题；

ε_1、ε_2——阈值。

基于D-S证据理论的融合方法可以在不获取先验概率的情况下，表达数据的不确定性。但是在应用上要求证据必须独立，否则使用组合规则融合相互冲突的数据时，对结果的有效性存疑。另外，在计算量上也会出现指数级增长问题。

3.3.2 基于人工智能的数据融合方法

3.3.2.1 基于神经网络的数据融合

神经网络是一种类似网络的信息处理结构，它模拟了人脑自身的学习和决策过程，是反映人脑结构和功能的抽象数学模型，有着强大的自学习和自组织、自适应能力。从本质上讲，神经网络是由许多简单的并行计算单元组成的，在对输入输出样本进行学习后，能够模拟复杂的非线性映射，具有数据集成、模式分离、性能测量、性能计算等功能，这些功能在多源数据融合处理方面体现出其强大优势。基于神经网络方法的多传感器信息融合框架如图3-8所示。

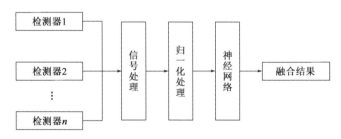

图3-8 基于神经网络方法的多传感器信息融合框架

与Bayes估计方法相比，神经网络算法的一个主要优势是它能够在不需要先验信息的情况下执行数据融合处理。将神经网络方法应用于多源数据融合，可以充分发挥其结构优势和并行计算的强大能力。此外，多传感器数据源本质上的高度不确定性，使得数据融合成为一个不确定的推理过程。通过训练神经元来表示传感器数据,并结合相应反馈,激活神经元的复杂组合,以响应不同的传感器刺激,从而利用神经网络的强大推理和拟合能力实现数据融合。基于此优势,越来越多的学者们将神经网络方法用于多源数据融合,并取得了巨大的进展,但是基于神经网络算法的数据融合容易陷入局部最优解,在应用过程中还需要对其进行改进。

3.3.2.2 基于模糊集理论的数据融合

模糊逻辑理论是基于分类的局部理论。模糊逻辑是一种多值逻辑,用隶属函数的概念将布尔集合论和布尔逻辑扩展到连续值逻辑,以量化不精确的概念。模糊逻辑理论基于数学基础表示[0,1]范围内的隶属度值,将隶属度与模糊化过程中的模糊变量相关联。通过它可以使用诸如真/假、高/低、低于/高于等表达式来定义中间值,该模糊化处理能够解决信息或判断之间相互矛盾的问题。因此对数据和信息的表示可以更人性化,在推理中表达不确定性,克服概率论方法的限制,将"模糊"的人类推理过程与计算机的精确计算相结合。

基于模糊逻辑推理的多传感器信息融合框架如图3-9所示。

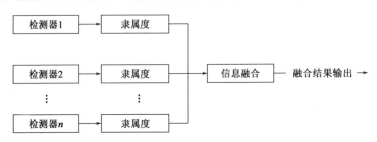

图3-9 基于模糊逻辑推理的多传感器融合框架

最常见的模糊逻辑推理是 Mamdani 方法和 Tsukamoto-Sugeno 方法。该数据融合算法分四个阶段完成:模糊化、规则评估、规则的组合或聚合、去模糊化。与需要概率分布的先验知识的概率论类似,模糊集理论需要不同模糊集的先验隶属函数。由于模糊集合论是表示模糊数据的强大理论,因此模糊集合论对于表示和融合人类专家以语言方式生成的模糊数据特别有用,多应用于决策级融合。

3.3.2.3 基于粗糙集理论的数据融合

粗糙集理论将知识看作是关于论域的划分,认为知识是具有粒度属性的,而知识的不确定性是由知识粒度太大引起的。粗糙集理论是解决不确定、不一致、不精确问题的一种常用方法,对象隶属度依赖论域中其他对象,隶属函数依赖于

知识库,无须外界信息支持,能够相对客观反映知识的客观性。粗糙集理论在数据融合中的主要步骤有:

(1)建立有关条件属性和结论属性的关系信息表;
(2)数据连续属性离散处理和数据分类,用不同符号形式表示;
(3)利用约束条件去除冗余属性及重复信息;
(4)对简约数据进行分类,求核值,根据核值和样本求得可能性决策表;
(5)进行知识推理,得出融合算法。

粗糙集理论是基于数据的推理研究,具有处理不精确或不完整信息、冗余信息压缩和数据关联的能力。

3.3.3 主要数据融合方法对比

综上所述,数据融合方法各式各样,可根据不同的数据特征、期望结果等条件选取不同的数据融合方法。下面就从常见数据融合方法的优缺点对比、数据融合的层级适用性和数据融合方法在交通中的应用等方面作简要对比,对比结果见表 3-1 ~ 表 3-3。

数据融合方法优、缺点对比　　　　表 3-1

算法	优点	缺点
Bayes 估计	不确定性由概率表示,避免了主观偏见和信息不全的弊端,计算量小且精确	要求概率完全独立,易受先验概率和系统规则变化的影响
滤波器理论	便于处理多维非平稳随机估计问题,实时性强,数据存储量小	需要初始条件的先验信息等,对于系统噪声有固定要求
D-S 证据理论	能够处理随机性信息,能够区分"不知道"与"不确定",采用置信函数,不需要概率	需要明确的权重分配原则,指数计算相对复杂
模糊集理论	适用于信息及决策冲突问题,便于解决不确定和不精确问题,对象隶属度不依赖论域中其他对象,相对独立	带有较强的主观性,缺乏概念的精确性,算法原理直观性差。容易陷于全局最优,不易解决
神经网络	具备较强的自学习、自适应能力,具备很强的鲁棒性和容错性,具备很强的信息综合能力	必须包含精确结果的问题,训练需要的样本数较大,体系结构通用性较差
粗糙集理论	便于解决不一致、不确定、不精确问题,对象隶属度依赖论域中其他对象,无须外界信息支持,对知识模糊性的反映相对客观	不易了解近似算子的代数结构,代数方法(算子方法)应用性不够强

数据融合方法层级表　　　　　　　　　　　　　　　　表 3-2

算法	融合层次		
	数据层	特征层	决策层
Bayes 估计		√	√
滤波器理论	√		
D-S 证据理论		√	√
模糊集理论		√	√
神经网络	√	√	√
粗糙集理论		√	√

数据融合方法在交通中的应用对比　　　　　　　　　　表 3-3

方法	领域
Bayes 估计	交通事件分析与识别等
Kalman 滤波理论	车辆识别与定位等
D-S 证据理论	交通紧急事件救援、交通诱导、交通事件识别
模糊集理论	交通数据融合、交通诱导、交通紧急事件预测与救援等
神经网络	交通事件识别和预测、车辆定位、交通诱导、交通数据融合、交通紧急事件救援等
粗糙集理论	交通数据融合、交通事件预测、交通诱导、交通紧急事件救援等

3.4　基于数据融合的高速公路交通量预测

准确的交通量预测是交通规划、交通诱导、交通管理与控制等的基础与关键。本书提出基于数据融合的高速公路交通量预测模型,该模型将交调数据、收费站门架数据和浮动车数据作为输入,将交通量作为模型的输出,并采用小波神经网络建立数据融合模型。数据融合模型由 3 个部分组成:模型的输入、融合模型、模型的输出。

3.4.1　小波神经网络理论基础

以 BP 神经网络的拓扑结构为基础,将小波基函数作为隐含层节点的传递函数、信号前向传播的同时误差反向传播的神经网络称为小波神经网络。

3.4.1.1　神经网络

人工神经网络既是非线性动力学系统,又是自适应组织系统,可用来描述认知、决策及控制的智能网络。20 世纪 40 年代初,神经生物学家 McCulloch 与青年数学家 Pitts 从人脑处理信息的过程得到启示,用数理模型的方法对脑细胞的动作和结构及其生物神经元的一些基本生理特性进行了研究,提出了第一个神经计算模型,开创了神经网络研究先河。

人工神经网络的基本构成单位是神经元,神经元的基本数学模型如图 3-10 所示。该模型主要由 5 部分单位构成:输入单位、阈值及权值单位、求和单位、传递函数单位、输出单位。输入单位与输出单位之间主要通过转移函数连接。不同的转移函数决定了神经元的不同信息处理功能,常见的转移函数主要有分段线性函数、阈值型函数、Sigmoid 函数、双曲正切函数等。

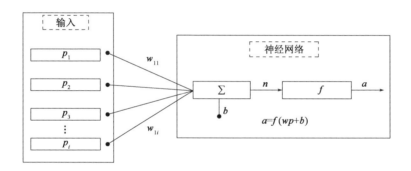

图 3-10　神经元基本数学模型

将神经元通过一定的结构组织起来,就可以构成人工神经元网络。神经元网络模型中的所有神经元按功能分为若干层,一般有输入层、隐含层和输出层。相互连接型网络是指网络中任意两个单元之间都可以相互连接。下面以 BP 神经网络为例,具体说明人工神经网络的结构及算法原理。

BP 神经网络是由众多神经元经过一定的连接关系组成的前后级传递关系、无反馈的多层前馈神经网络,其工作原理是通过多种非线性函数的多次复合,实现信息在输入和输出空间的转换,特征表现为信息的正向传播与误差的反向传播。图 3-11 所示为神经网络拓扑结构图,由图 3-11 可知,该网络主要分为输入层、输出层和隐含层,同一层级之间神经元不具有连接关系,神经元的连接关系仅存在于相邻层级之间。

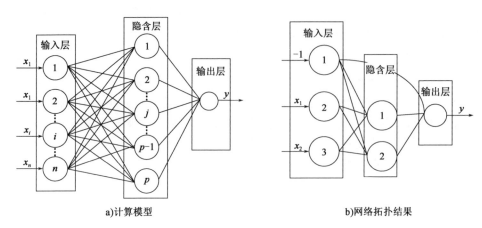

图 3-11 BP 神经网络结构

BP 神经网络的算法原理是:通过输入层输入初值,经过隐含层处理并将结果传递至输出层神经元,这算完成一次完整的信息正向传播学习。通过输出结果与预期值的对比误差,将误差信息反向传递至隐含层和输入层神经元,经过该过程可实现各层权值的不断调整,最终达到误差可接受或符合期望训练次数范围的输出值。

图 3-11 分别表示 BP 神经网络的计算模型和网络拓扑结果。BP 神经网络主要通过其拟合非线性结构函数的特征确定每部分的节点数及结构,通过非线性函数的输入输出值训练,使得训练后的函数能够实现非线性的预测输出。其预测结果的准确程度与网络训练次数和训练样本的大小有密切的关系。

3.4.1.2 小波理论

小波分析是在傅里叶变换的基础上发展而来的,因傅里叶变换在信号处理时抛弃了信号的时间信息,导致其在时域辨别上的缺失,从而无法判断信号的发生时刻。小波分析能够在局部通过小波基函数判别二维状态下信号的方向选择,能够补充傅里叶变换的不足,从而得到广泛的应用。其主要的特征有:

(1)小波是一种平均值为 0 的有限波,在时域上有紧支集;

(2)直流分量为 0。

小波函数都是在母小波函数的平移或尺寸变化上得到的,小波分析是信号被分解成的一系列小波函数的合成。式(3-16)和式(3-17)分别是小波变换的原理公式与等效时域表达式。

$$f_x(\alpha,\tau) = \frac{1}{\sqrt{\alpha}} \int_{-\infty}^{\infty} x(t)\varphi\left(\frac{t-\tau}{\alpha}\right)\mathrm{d}t \quad \alpha > 0 \tag{3-16}$$

式中：α——不同尺度；

τ——平移单位；

$x(t)$——信号；

$\varphi(\cdot)$——小波函数。

$$f_x(\alpha,\tau) = \frac{1}{\sqrt{\alpha}} \int_{-\infty}^{\infty} x(\omega)\varphi(\alpha\omega)\mathrm{e}^{j\omega}\mathrm{d}t \quad \alpha > 0 \tag{3-17}$$

式中：ω——傅里叶变换定义域；

α——不同尺度；

τ——平移单位。

3.4.1.3 小波神经网络

小波神经网络是以 BP 神经网络结构为基础的前馈神经网络结构，其信号传播与误差传播与 BP 神经网络有相同的原理，它们之间的主要区别在于小波神经网络隐含层传递函数是小波基函数。小波神经网络拓扑结构如图 3-12 所示。

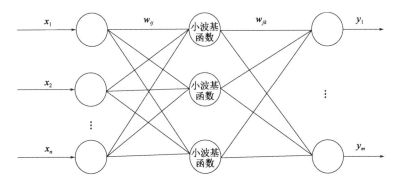

图 3-12　小波神经网络拓扑结构

图 3-12 中，x_n 表示输入参数，y_m 表示输出参数，w_{ij} 与 w_{jk} 分别表示不同层级之间的权重值，隐含层计算公式为：

$$h(j) = h_j\left(\frac{\sum_{i=1}^{k} w_{ij}x_i - b_j}{a_j}\right) \quad j = 1,2,\cdots,l \tag{3-18}$$

式中：$h(j)$——节点 j 输出值；

h_j——小波基函数;

w_{ij}——隐含层与输入层之间的权重值;

b_j——h_j平移因子;

a_j——h_j的伸缩因子。

小波神经网络的训练步骤如下:

第一步:网络初始化,设置网络学习速率η,初始化小波基函数平移因子、伸缩因子及网络连接权重。

第二步:样本分类,在进行小波网络训练时,需要测试样本与训练样本,前者用来测试网络预测精度,后者用来训练网络。

第三步:预测输出,通过测试样本的输出值,计算网络预测误差。

$$e = \sum_{k=1}^{m} y_n(k) - y(k) \quad (3-19)$$

式中:$y(k)$——预测输出;

$y_n(k)$——期望输出。

第四步:权值修正,依据误差值修正小波基函数系数与网络权值,促使输出值满足期望值的接受范围。

通过梯度修正法修正权值与小波基函数系数。

根据网络预测误差,通过以下公式对小波神经网络输入层与隐含层之间的权值与小波基函数系数进行计算:

$$\omega_{n,k}^{(i+1)} = \omega_{n,k}^{i} + \Delta \omega_{n,k}^{(i+1)} \quad (3-20)$$

$$a_k^{(i+1)} = a_k^{i} + \Delta a_k^{(i+1)} \quad (3-21)$$

$$b_k^{(i+1)} = b_k^{i} + \Delta b_k^{(i+1)} \quad (3-22)$$

其中,变化值是根据e值获得的,计算公式如下:

$$\Delta \omega_{n,k}^{(i+1)} = -\eta \frac{\partial e}{\partial \omega_{n,k}^{i}} \quad (3-23)$$

$$\Delta a_k^{(i+1)} = -\eta \frac{\partial e}{\partial a_k^{i}} \quad (3-24)$$

$$\Delta b_k^{(i+1)} = -\eta \frac{\partial e}{\partial b_k^{i}} \quad (3-25)$$

第五步:准则判断,根据准则外判断是否达到期望值范围或预设训练次数来决定算法结束与否。

3.4.1.4 遗传算法

遗传算法是模拟达尔文生物进化论的自然选择和遗传学机理的一类自组织与自适应的人工智能算法。遗传算法的搜索过程是从空间中的一个点集到另外一个点集的搜索,实际上是一种并行搜索,适合大规模并行计算。遗传算法擅长全局搜索,它不受搜索空间的限制性假设的约束,不要求连续性,能以很大的概率从离散的、多极值的、含有噪声的高维问题中找到全局最优解。

遗传算法运算流程如图 3-13 所示。

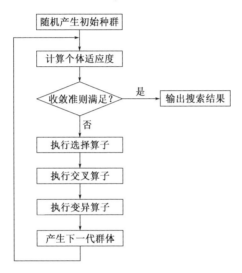

图 3-13　遗传算法运算流程

遗传算法的基本运算过程如下：

(1) 初始化种群:设置进化代数计数器 $t=0$,设置最大进化代数 T,随机生成 M 个个体作为初始群体 $P(0)$。

(2) 个体评价:计算群体 $P(t)$ 中每个个体的适应度 $f(t)$。适应度是用来判断群体中的个体优劣程度的指标,它是根据所求问题的目标函数来进行评估的。

(3) 选择运算:将选择算子作用于群体。选择运算目的是把优化的个体直接遗传到下一代或通过配对交叉产生新的个体再遗传到下一代。每个个体被选择的概率是建立在群体中个体的适应度基础上的。

(4) 交叉运算:将交叉算子作用于群体。所谓交叉,是指把两个父代个体的部分结构加以替换重组而生成新个体的操作。交叉算子因其全局搜索能力而作为主要算子。

(5)变异运算:将变异算子作用于群体。即是对群体中的个体串的某些基因座上的基因值作变动。变异算子因其局部搜索能力而作为辅助算子。群体$P(t)$经过选择、交叉、变异运算之后得到下一代群体$P(t+1)$。

(6)终止条件判断:若$t=T$,则以进化过程中所得到的具有最大适应度个体作为最优解输出,终止计算。

3.4.2 交通量预测数据融合模型

本书基于交调数据、收费站门架数据和浮动车数据来预测交通量,因此输入层有3个节点,隐藏层的节点的个数选择非常关键,如果隐藏层的节点数量过少,将导致网络容易进入局部极小值;如果隐藏层的节点数量过大,将导致模型参数急剧增加,训练成本高,且网络模型的泛化能力下降。一般来说,使用式(3-26)来确定隐藏层节点数量。

$$N = a + \sqrt{x+y} \tag{3-26}$$

其中,a是[1,10]之间的常数;x为输入神经元数量;y为输出神经元数量。根据式(3-26),本模型隐藏层节点数量为4,整个网络模型的结构如图3-14所示。

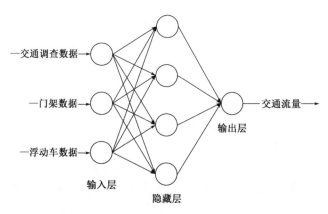

图3-14 网络模型结构

具体来说:

(1)输入层。

输入层包含3个节点,分别为从交通调查数据得到的交通量、从收费站门架数据得到的交通量、从浮动车数据得到的交通量。

(2)隐藏层。

隐藏层传递函数选取常用的 Morlet 母小波基函数,函数表达式如式(3-27)所示。

$$y = \cos(1.75x) e^{-\frac{x^2}{2}} \tag{3-27}$$

(3)输出层。

$$y = \sum_{i=1}^{n} \omega_{ik} h(i) \quad k = 1 \tag{3-28}$$

式中:ω_{ik}——隐含层至输出层的权值大小;

$h(i)$——隐含层中第 i 个节点的输出值;

n——隐含层节点数。

3.5 本章小结

本章主要介绍了高速公路多源交通数据融合方法。首先,梳理了数据融合在交通领域的应用的研究现状。其次,介绍多源交通数据融合框架,然后,列举了多源交通数据融合的常用方法。最后,详细介绍了基于多源交通数据融合的高速公路交通量预测方法。

本章参考文献

[1] VALET G. A statistical overview of recent literature information eusion[J]. IEEE AESS Magazine,2001,16(3):7-14.

[2] 何友,王国宏. 多传感器信息融合及应用[M]. 北京:电子工业出版社,2000.

[3] ZOU L,ZHU L X. Link travel time estimation model fusing data from mobile and stationary detector based on BP neural network[J]. International conference on communications circuits and systems proceedings,2006:2146-2149.

[4] BACHMANN C,ABDULHAI B,ROORDA M J,et al. A comparative assessment of multi-sensor data fusion techniques for freeway traffic speed estimation using micro simulation modeling[J]. Transportation research part C:emerging technologies,2013,26:33-48.

[5] SHI C,CHEN B,LAM W H K,et al. Heterogeneous Data Fusion Method to Estimate Travel Time Distributions in Congested Road Networks[J]. Sensors(14248220),2017,17(12):2822.

[6] MENA-OREJA J,GOZALVEZ J. On the Impact of Floating Car Data and Data Fusion on the Prediction of the Traffic Density,Flow and Speed Using an Error Recurrent Convolutional Neural Network[J]. IEEE Access,2021,9:133710-133724.

[7] 杨兆升,冯金巧,张林.基于卡尔曼滤波的交通信息融合方法[J].吉林大学学报,2007,37(5):1039-1042.

[8] 胡郁葱,吴昊,黄靖翔,等.基于支持向量回归的高速公路路段平均速度估计方法[J].公路交通科技.2019,36(3):137-151.

[9] SEO T,KUSAKABE T. Traffic state estimation using small imaging satellites and connected vehicles[J]. Transportation Research Procedia,2018,34:4-11.

[10] 翟雅峤,翁剑成,荣建,等.多源数据融合的区间车辆速度预测算法研究[J].交通信息与安全,2009,27(3):74-77.

[11] 韩坤林.基于车检器及收费数据融合的高速公路异常状态识别研究[D].重庆:重庆大学,2014.

[12] 何赏璐.基于多源异质数据的高速公路交通状态估计方法研究[D].南京:东南大学,2017.

[13] 姚午开,韩子雯,高志波.高速公路交通状态预测的多源数据融合研究[J].公路与汽运,2019,(3):16-19.

[14] RUH E M, REINHART K,ERNST I,et al. Airborne systems and data fusion for traffic surveillance and forecast for the soccer world cup[C]. Proceedings of 86-th Annual Meeting Transportation Research Board,2007.

[15] MEHRANNIA P,MOGHADAM A A,BASIR O A. A Dempster-Shafer Sensor Fusion Approach for Traffic Incident Detection and Localization[C]. 21st International Conference on Intelligent Transportation Systems(ITSC),2018:3911-3916.

[16] 翁剑成,赵晓娟,荣建.基于DS理论的城市快速路交通事件自动检测算法[J].公路交通科技,2011,28(12):112-116.

[17] 杨梅.基于视频与检测线圈的高速公路交通事件检测系统研究[D].西安:长安大学,2013.

[18] 张雯靓.基于多源信息的高速公路交通事件检测方法研究[D].南京:东南

大学,2018.

[19] DONG H,WU M,JIN M,et al. A fusion model for multi-source detect data of section average velocity based on BP network[C]. 25th Chinese Control and Decision Conference (CCDC). IEEE,2013:2198-2203.

[20] 金照,徐建闽. 数据融合技术在路径诱导中的应用研究[J]. 交通与计算机,2008:4.

[21] 熊文华,徐建闽. 基于BP网络的浮动车与线圈检测数据融合模型[J]. 计算机仿真,2009,26(9):235-238.

[22] 丛玉良,陈万忠. 基于联合卡尔曼滤波器的交通信息融合算法研究[J]. 公路交通科技,2010,27(7):114-118.

[23] 王殊. 面向用户的高速公路服务区综合评价研究[J]. 公路交通科技,2016,33(2):125-129.

[24] 田佳. 高速公路服务区运行指数分析研究[D]. 北京:北京交通大学,2018.

第4章
全路网交通流状态动态演化机理研究

分析交通流状态时空分布规律,研究实时数据驱动下的全路网交通流动态演化机理,可以为全路网交通状态辨识及精细化运营管理提供有效的数据支撑。本章建立了全路网(分为高速公路和普通国省道)交通状态评价指标体系,利用交通波动理论和尖点突变理论剖析了路网交通拥堵演化机理,并分别提出适用于高速公路和普通国省道的交通流状态预判模型。

4.1 研究现状

全路网交通流状态动态演化机理研究涉及三个方面:一是高速公路交通运行状态判别与应用,二是高速公路交通运行状态短时预测分析,三是路网交通拥堵演化机理剖析。本节对上述内容进行国内外文献综述,具体研究现状如下。

4.1.1 路网交通运行状态判别与应用现状

不同国家和地区的道路交通状况存在差异,驾驶人员对于拥挤程度的感受和容忍程度也各不相同。由于缺乏统一的标准,路网拥挤程度的量化在不同国家或地区具有多样性。当地道路交通条件和交通需求往往会影响具体运行状态指标的制定。

美国和欧洲高度重视高速公路的运营分析和管理工作,配备了先进的监控系统。这些系统可以实时收集交通量、占有率、车速等数据,并自动计算出车辆行驶里程、行程时间和行驶时间等关键指标。这些数据被整合成大型数据库,为工作人员提供了分析和建模的基础。工作人员通过数据处理技术,构建数学模型来准确评估高速公路交通的运行状况和发展趋势[1]。美国得克萨斯州交通研究院于1994年提出道路拥堵指数(Roadway Congestion Index,RCI),以不同等级道路每公里平均日交通量的加权平均值来评价城市交通的相对拥堵水平。美国加利福尼亚州35个城市采用拥堵持续指标(Lane Kilometer Duration Index,LKDF)作为评价周期性交通拥堵严重程度的指标,每个城市区域的拥堵持续指标是每个单独路段上发生交通拥堵的车道长度和持续时间共同作用的结果。美国联邦公路管理局在其公路运行监控系统数据结果分析报告中以每百万车公里出行总的车辆延误时间定义拥堵严重度指数(Congestion Sevenrity Index,CSI)作为量化拥堵的指标。日本在道路交通形势调查中将某路段实际交通量与一天24h或白天12h的评价基准量之比定义为拥堵度(Degree of Congestion,CD)作为交通畅通性的评价指标[2-3]。日本阪神高速公路管理部门为实现对高速公路交通运行状况分析的实时性和科学性,对区域范围内多条线路进行统一管理。通过每隔500m的信息检测器获得如交通量、占有率和车速之类的交通信息,用交通量与占用率评价高速公路交通运行状况,将车速数据用于计算车辆行驶时间,并实时发布给驾驶人员[1]。

国外对高速公路交通运行状态进行判别的指标虽然定义各不相同,但其都是交通拥堵程度的量化指标,以具体数值大小来衡量交通拥堵的严重程度。其中RCI、LKDF、CD的意义都类似饱和度的概念,反映了道路的当前交通负荷程度。CSI则是从车辆延误的角度反映拥堵的严重程度。在数据需求上,4类指标均需要实测交通量,可由检测器或者交通调查获取。在适用范围上,4类指标均作为区域性交通状态评价,反映宏观的交通拥堵程度。

目前国内许多城市,如北京、上海、深圳等陆续发布了高速公路道路交通运行状态指数,并作为公众信息发布,供出行者及相关部门及时掌握城市交通总体情况及变化趋势。各城市交通运行状态指数基本原理总体来看可以分为基于严重拥堵程度路段比例、基于出行时间比例和综合评价三种。北京、南京和广州等城市主要基于严重拥堵程度路段比例计算交通拥堵指数。以北京为例,先根据交通运行状态划分标准(通常为速度)计算该时段下各等级道路中严重拥堵程度路段占该等级道路里程的比例,之后加权获得路网的严重拥堵程度比例,其权重值为道路车公里数(VKT)比例,最后通过一定的转换关系得到该时段下路网交通状态指数(TPI)。深圳、高德地图基于出行时间比例计算交通运行状态指数。以深圳为例,先计算路网出行实际时间与期望车速下出行时间的比例,再通过专家打分法建立出行时间比例与交通状态指数(TPI)的转换关系。上海选取速度和饱和度作为评价指标,通过专家打分法和层次分析法计算指标的权重,进而运用数学手段得到评价指标与交通运行状态指数的转换关系[4-5]。国内既有的交通状态指数主要针对城市道路和全局路网,对于高速公路交通运行状态指数模型的应用与研究较少。

国内外学者对高速公路交通运行状态自动判别进行了大量的研究,主要可分为直接判别方法和间接判别方法[6]。直接判别方法是通过交通三参数状态图来直观地判别当前交通运行状态。间接判别方法是在分析交通特性的基础上,对采集的交通参数进行处理并和预设的阈值指标进行比较,根据比较结果来判别目前的交通运行状态;或是比较相邻检测器的交通参数,通过其间参数的变化来判别交通状态。间接判别方法主要包括参数阈值法、数值分析法、模糊理论法、模式识别、人工神经网络等方法[7]。参数阈值法起步较早,思路直接,主要代表性的有加利福尼亚算法、莫尼卡算法等。数值分析法通过对实测数据和基于历史数据得到的预测数据进行比较,来判别现在的交通状态,主要包括标准偏差法、双平滑指数法、荷兰算法、时间序列法等。模式识别法是分析历史数据流量-密度以及密度-速度的关系来预设几种交通模式,将交通参数间的关系和预设交通模式进行比较来对现在交通状态进行判别,主要有McMaster法及其改进算法等[1]。

国内专家学者在研究路网交通运行状态判别时,主要借鉴和参考了国外的经验和做法,同时,国内专家结合我国实际交通流的特点,对现有的交通运行状态判别方法进行了改进。王建玲等通过对速度-密度曲线进行分析,定义了交通拥堵程度的度量,对交通运行状态进行判别[8]。东南大学柴干团队运用层次分析法与熵值法综合确定高速公路基本路段交通运行状态判别指标权重,采用最大隶属度原则确定判别结果[9]。长安大学刘世铎等人从交通运行和经济角度综合评价高速公路路段的畅通状态[10]。吉林大学杨兆升团队构建了多元素多指标的评价指标体系,提出"先运行状态分类后趋势分析"动态综合评价方法,对高速公路网交通运行状态和趋势发展进行评估[11]。北京交通大学郭义荣等提出基于行程速度的高速公路交通状态自动判别方法,应用动态综合评价法对路网交通运行状态进行评价[12]。同济大学郝媛、孙立军等通过划分六种典型的交通状态对拥挤阈值进行了定义,并给出了其确定方法[13]。王伟、杨兆升等以路段平均行程时间来定义拥堵系数,根据交通流时空特性对网络上高速公路交通状态进行判别[14]。王殿海等以二流理论为基础,建立了宏观交通状态判别模型,从宏观上对路网的交通状态进行判别[15]。姜桂艳等通过对速度、流量和占有率三参数进行组合,建立了多层神经网络模型对交通状态进行判别[16]。公安部沈强提出基于高速公路收费数据的路网运行状态判别方法,为高速公路网运行状态评价的数据获取提供了一套新的思路和方法[17]。

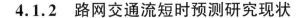

4.1.2 路网交通流短时预测研究现状

为了对高速公路交通运行状态的发展趋势进行准确判断,通常采用交通流参数预测的方法。其中,短时交通流预测是一种常见的手段,它的预测时间一般在未来 1h 内。通过这种短时预测,我们可以了解未来短时间内交通运行状态的发展趋势,从而为交通诱导分流提供重要的参考依据。目前常用的短时预测方法主要包括历史平均法、卡尔曼滤波算法、时间序列法[18],以及引入人工智能以后的机器学习的方法,如支持向量机(Support Vector Machine,SVM)、K 最邻近搜索法(K-Nearest Neighbor,KNN)、人工神经网络等[19]。卡尔曼滤波算法中,Zhou 和 Mahmassani 利用高阶多项式滤波器来实现交通量偏差部分的在线估计,并基于 KF 模型提出了利用实时估计与观测数据的历史数据更新方法[20]。刁阳等基于交叉路口进口道观测数据通过建立 KF 一步预测模型来实现 OD 的短时预测[21]。Huang 等根据路段小时交通量,基于遗传算法提出了交通流短时预测的分布式实施方法[22]。Chiou 等提出了交通流两步预测法,第一步利用遗传算法对各类入口匝道流量进行预测,第二步结合元胞传输模型与扩展卡尔曼滤波器(Extended Kalman Filter,EKF)模型来估计出口匝道流量[23]。SVM 是建立在统计学 VC(Vapnik-Chervonenkis)维理论与结构风险最小原理基础上的机器学习方法[24]。杨兆生等基于交通运行状态本身的非线性、复杂性和不确定性,利用路段检测器交通流数据提出了基于 SVM 的短时交通流预测方法[25]。谭满春等构建了基于小波消噪的 SVM 与 ARIMA 的路段交通流短时预测组合模型,并发现组合模型精度要优于单个模型[26]。张娟等以非线性 SVM 方法对车牌识别的历史数据进行分析,对路段行程时间进行了准确度较高的短时预测[27]。Jiang 等利用基于经验状态识别与 SVM 的混合预测模型,预测模型精度优于单个模型[28]。宫晓燕等利用传感器数据,提出基于散列表的数据优化结构,实现路段流量短时预测[29]。张涛等利用相邻时段流量、速度、占有率作为特征向量,对路段全天进行短时交通预测[30]。Bustillos 等结合 N-Cuve 方法与 KNN 方法,利用高速公路检测数据,提出了单邻近与多邻近的行程时间短时预测方法[31]。Myung 等结合高速公路收费数据与路段检测数据,分别以行程时间和占有率作为特征向量,实现了对行程时间的短时预测[32]。孙棣华等运用 K-最领域非参数方法,利用高速公路路段检测器数据,对高速公路断面流量进行了短时预测[33]。

4.1.3 路网交通拥堵演化机理研究现状

国外研究交通流的基本理论较早,采用了不同的理论和方法对交通拥堵进行分析。以 Greenshileds 速度-密度模型为代表的传统交通流理论通常将交通流特性用交通量、车速和密度等 3 个参数来描述[34-36],形成了具有代表性的基本图方法。该方法假设流量和密度存在单值对应的关系,将交通流划分为拥挤和非拥挤两种状态,并设置了一个临界密度值,认为交通流中密度超过该临界值时,便会形成拥堵[37]。然而从实际交通流中观察到的交通流相变过程的时空特性常常与基本图理论体系中的模拟结果相违背,而在实际应用中,这种临界值很难界定。德国学者 B. S. Kerller 则认为不存在这样的临界值,在对大量的高速公路实测数据分析的基础上,提出了三相交通流理论,将交通流定性划分为自由流(Free Flow)、同步流(Synchronous Flow)和宽移动阻塞(Wide Moving Jaun)等三类相态,把拥挤流相划分为同步流相和宽运动堵塞相,并指出交通流发生阻塞是因为交通流发生了相变,但是没有给出相变的临界值[38]。

1955 年,著名的流体力学家 Lighthil 和 Whithamn 将流体动力学应用到交通流的研究中,提出了经典的交通波动理论,用于研究交通流的时空变化规律,以该理论为基础,建立了相应的交通流模型,将交通拥堵的形成和消散视为一种冲击波的传播[39]。

以交通流的基本理论为基础,一些专家学者分别建立了不同交通流模型研究交通拥堵的形成和传播,如排队模型、跟驰模型、到离曲线模型、累计到离曲线模型、元胞机模型等。这些模型大体上可以划分两类:一类为解析模型,另一类为仿真模型[40]。解析模型主要从理论的角度描述交通流运行时的运动过程,通常对研究的环境进行假设和简化,对复杂的交通环境而言,分析结果与实际值往往存在较大偏差,并且一些模型无法得到有效的解析解,因此适用性不强。而仿真模型则通过设定车流的运行规则,通过不同的算法动态模拟交通流的运行情况,从而能有效地刻画交通流的运行过程和传播规律。

1981 年,Michalopoulos 建立了交叉路口排队长度预测模型,该模型是在交通波理论的基础上建立的,通过分析排队长度的动态变化过程,进一步说明了运用交通波理论解释交通拥堵形成过程的有效性[41]。Berthelin 建立了一种气体动力学模型,模拟交通拥堵的产生过程,推断出交通流是一种特定的集群的动态行为,当交通密度达到一定程度时,这种特定的集群的行为被中断,形成"筷",进而表现为交通堵塞[42]。Laval 等对高速公路交通拥堵现象进行分析,通过数据观察发现,在高速公路上出现停停走走的拥挤现象,他认为这是一种自发振荡的拥挤形式,造成这种现象的原因主要是驾驶员的胆怯心理和冒进的驾驶行为相互作用的结果,并通过仿真分析了这些行为的细节[43]。Salkakibara 等通过建立二维的网络模型,选取相邻交叉路口的路段为对象,分析交通干扰对交通拥挤形成的影响,并通过数值模拟分析发现,在离交叉路口近的交通障碍干扰比离交叉路口远的干扰更容易引发交通拥堵[44]。Degond 等口在 AW-Rascle 模型的基础上,从宏观上建立交通流的仿真模型,采用欧拉计算方法不断改变车辆的加速度规则和最小行车距离,通过仿真研究交通拥堵的形成和演化过程[45]。

另外,也有一些学者认为,交通瓶颈是形成交通拥堵的主要原因。Wrightl 等认为,交通瓶颈是交通拥堵产生的源头,并将交通瓶颈划分为暂时的路障、通行能力不足以及特定地区需求的大幅波动等 3 类。Wright 也是最早研究路网交通拥堵特性的学者之一,他认为城市交通拥堵首先在瓶颈处产生,并形成排队现象,随着排队的延伸,在新的路段或交叉路口处分岔,并向各个方向进行分支,类似于树根的分支一样,交通流在路网中向四周传播,当形成一个闭环时,就会造成区域性的拥堵现象[46]。2005 年,Daganzo、Laval 等人对交通瓶颈处的车流特性进行了分析。Ni 与 Leonard 研究了不同形式的道路交通流汇合所产生的瓶颈,并分析了瓶颈处的交通流动态特性[47-48]。Ni 与 Leonard 研究了不同形式的道路交通流汇合所产生的瓶颈,并分析了瓶颈处的交通流动态特性[49]。Newell 对高速公路入口、出口以及收费站等瓶颈处的排队现象进行了研究,并建立了相应的排队模型[50-51]。在文献[52]中,Newell 进一步分析了瓶颈的动态特性,对移动的瓶颈进行了建模分析,阐述了交通拥堵的传播特性。

国内关于交通拥堵机理分析研究起步较晚,主要是以国外的交通流理论为基础,从交通工程学、运动学、经济学的角度分析我国交通拥堵现象,通过建立宏观、微观的模型分析交通拥堵的产生和形成机理,并取得了一系列的成果。

何树林运用供需平衡理论来解析城市道路交通拥堵的产生机理,他认为发生交通拥堵的根本原因是交通供给与交通需求之间的失衡,并认为交通供需之间相互作用、相互影响,预防交通拥堵产生的关键是要处理好供需之间的关系,保持供需之间的协调[53]。梁颖等研究道路通行能力与交通需求的关系,通过采用不同交通供需分布方式来研究路网畅通性和保持畅通的可靠度,探讨不同供需情况下路网保持畅通时可靠度的变化规律。研究结果认为,城市路网的畅通可靠度与通行能力和交通需求的方差有关[54]。郑建风等以用户均衡配流模型为基础,分析了交通阻塞流在 4 种不同网络中的流量分布特性,并探讨了流量、通行能力与交通需求之间的关系[55]。李庆定等研究公交车停靠对城市道路拥堵造成的影响,针对公交站台的港湾式和非港湾式设置,利用元胞自动机模型分析公交车进站停靠时交通流的特征,阐述公交车停靠以及行人上下车时造成的交通瓶颈[56]。吴正等通过建立交通堵塞流的激波模型,以平面信号交叉路口的运动车流为对象,研究堵塞流的形成过程,以及激波在交叉路口上游和下游的传播特性[57]。张毅媚等则从经济学的角度分析城市道路交通拥堵产生的机理,运用经济学的基本理论和方法分析土地利用与交通拥堵的关系,认为土地区位级差效益与交通拥堵有关,分析了外部效应对道路交通设施的影响,从而导致交通拥堵发生的必然性,并运用博弈论对交通拥堵所涉及的对策问题进行了分析[58]。李树桃、吴建军等建立中观交通流模型,分析交通拥堵在复杂网络上的传播特性,并详细分析了不同的网络拓扑结构对交通拥堵的形成、诱导、传播的影响[59]。高自友、龙建成等通过分析交通拥堵时空特性、产生根源以及传播和消散特性,提出了城市交通拥堵的控制策略[60]。裴玉龙、郎益顺等从道路的流入/流出口流率、道路交通负荷以及路径选择等三个方面分析交通拥堵机理,并通过建立动态分配模型对交通流实施诱导和控制[61]。姜桂艳等研究了在交通信息诱导下交通拥挤漂移及形成机理,通过交通仿真,对比分析了在不同诱导比例、替代路径的情况下交通拥挤的漂移和形成过程,从而为在交通信息诱导条件下预防交通拥堵的发生提供了理论基础和技术指导[62]。

综上所述,国内外关于交通拥堵的形成与传播的研究取得了不少成果,在交通拥堵机理研究中,采用的交通流状态描述模型主要是传统的基于流体力学的连续交通流参数模型,这类模型在描述交通流处于稳定状态下的流量-速度-密度关系时具有其合理性,用它来描述因交通需求大于交通供给而发生的常发性交通拥堵方面也有其指导意义,但用来描述由于突发交通事件(事故)而引发的偶发性交通拥堵,显然不恰当。由于城市道路的复杂性,而且从目前治理城市道路交通拥堵的控制策略和控制方法上看,效果并不明显,主要是对城市道路交通拥堵产生原因、特性以及形成机理缺乏足够的认识。在当前不同规模城市面临日益严重的交通拥堵的情况下,为缓解交通拥堵,进一步提高城市道路的运输效率,有必要对城市道路交通拥堵的形成机理和拥堵的应对策略及控制方法进行进一步的分析。

4.2 全路网交通状态评价指标体系构建

考虑到高速公路与普通国省道的交通流运行特性存在较大的差异性,故分别对两种不同类型的道路网络提出相应的交通状态评价指标,形成完善的全路网交通状态评价指标体系,具体如下。

4.2.1 高速公路交通状态评价指标体系

基于高速公路交通流运行特性,结合交通工程应用规范标准,从宏微观两个角度提出适用于高速公路的交通状态评价指标体系,包括 11 个参数指标,如图 4-1 所示。

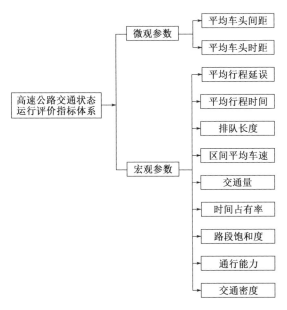

图 4-1 高速公路交通状态评价指标体系

(1)平均车头间距。

车头间距是在同一车道上行驶的连续车辆中,前后两车车头与车头之间的距离。观测路段上所有的车头间距的平均值即为平均车头间距。根据平均车头间距即可求得观测路段平均交通密度。

(2)平均车头时距。

车头时距是指在同一车道上行驶的车辆队列中,两连续车辆车头端部通过某一断面的时间间隔。一般用 ht 表示单位 s/veh。平均车头时距等于平均车头间距除以平均车速。

(3)平均行程延误。

行程延误是指实际行驶的总行程时间与完全排除干扰后,以畅行速度通过观测路段的自由行驶时间之差。根据各个路段每辆车的行程时间与自由流状态下的行程时间之差可以得到各个路段的平均行程延误,然后利用各个路段平均行程延误与总路网长度之比,得到路网平均行程延误,并将其作为路网运行状态评价指标,该指标能够反映出路网的运行效率和服务水平。

(4)平均行程时间。

平均行程时间是指道路两断面间行程时间的算术平均值。如需考虑两断面间存在的两种以上交通方式,并已知各自在总出行量中所占的比例,则平均行程时间就是它们的加权平均值。

(5)排队长度。

排队长度是指路口进口道各转向的排队长度,定义为从路口信号灯转为绿灯时刻,该路口进口道各转向车流排队最后一辆车距离停车线的距离。

(6)区间平均车速。

区间平均车速是指某一特定时刻,行驶于某一特定长度路段内的所有车辆车速平均值,当观测长度一定时,其值等于地点车速观测值的调和平均值。

(7)交通量。

交通量是指在选定时间段内通过道路某一地点、某一断面或某一车道的交通实体数,又称交通流量或流量。交通参与者包括机动车、非机动车和行人,因而交通量可分为机动车交通量、非机动车交通量和行人交通量。但在没有特殊说明的情况下,交通量都是指机动车交通量,并且是指单位时间内来去两个方向上的车辆数。交通量是道路截面实际通行能力的测算指标,也是道路分级和确定道路等级的主要依据。在实际应用的交通量中,其表示方法有平均交通量、高峰小时交通量和设计小时交通量。

(8)时间占有率。

在选定的观测时间 T 内车辆占用车辆检测器的时间,与选定的观测时间之间的比值为时间占有率。

(9)饱和度。

道路饱和度是反映道路服务水平的重要指标之一,饱和度值越高,代表的道路服务水平越低,且能够直接反映道路的供需关系。其计算方法为道路最大交通量除以道路最大通行能力。但是,通常用拥挤度来表示饱和程度,拥挤度不仅能反映出道路的拥挤程度,也能反映出道路的饱和度程度。

(10)通行能力。

通行能力指的是在一定的道路和交通条件下,道路上某一路段或某交叉路口单位时间内通过某一断面的最大车辆数。可分为基本通行能力、可能通行能力和设计通行能力三种。

(11)交通密度。

交通密度是指一条车道上车辆的密集程度,即在某一瞬间单位长度一条车道上的车辆,又称车流密度。

4.2.2 普通国省道交通状态评价指标体系

基于交通观测站数据,从交通量系数、交通量以及速度等多角度提出适用于普通国省道的交通状态评价指标体系,如图 4-2 所示。

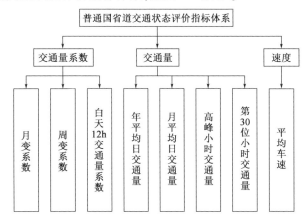

图 4-2 普通国省道交通状态评价指标体系

(1)月变系数。

一年内月交通量的变化 k_m = AADT/MADT。

(2)周变系数。

交通量在一周内有一定的波动,即交通量的周日不均匀分布。通常采用周变系数 WF_i 来描述交通量的周日不均匀分布特征。

(3)白天 12h 交通量系数。

白天 12 小时一般为 7:00—19:00,该系数是白天 12h 交通量与全天 24h 交通量的比值。

(4)年平均日交通量。

年平均日交通量指的是全年的日交通量观测结果的平均值。年平均日交通量(简写为 AADT)是用一年内的交通量总数除以一年的总天数。年平均日交通量在道路与交通工程中是一项十分重要的控制性指标。

(5)月平均日交通量。

月平均日交通量(简写为 MADT)。指一个月内的交通量总数除以一个月的总天数。

(6)高峰小时交通量。

高峰小时交通量指的是一天中交通量出现高峰值的那个小时的交通量。一天中各小时的交通量不均衡,一般上下午各有一个高峰,交通量呈现高峰的那一个小时,称为高峰小时。

(7)第30位小时交通量。

将一年内所有小时交通量,按从大到小的顺序排列,序号第30位的小时交通量。从第1到第30位左右的小时交通量减少比例显著,即曲线斜率大,而从第30位之后减少缓慢,曲线平直,因此采用30位小时交通量作为公路设计小时交通量,全年8760个小时中,除29个小时外,几乎都能满足通行要求,保证率高。

(8)平均车速。

平均车速是指在一定的路段上车辆行驶的平均速度,是该路段长度除以车辆纯行驶时间(扣除所有停车时间后的行程时间)所得的商,用以分析该路段行驶难易程度和通行能力。

注:在计算车辆数时以标准车当量数为准。标准车当量数又称当量交通量,是将实际的机动车和非机动车交通量按一定的折算系数换算成某种标准车型的当量交通量。换算系数如表4-1所示。

自然量与当量换算系数　　　　　　　　　　　表4-1

车型	换算系数
小型载货汽车	1.0
中型载货汽车	1.5
大型载货汽车	3.0
特大型载货汽车	4.0
拖挂车	3.0
集装箱车	4.0
小型客车	1.0
大型客车	1.5
摩托车	1.0
拖拉机	4.0
三轮车	3.0

4.3　路网交通拥堵演化机理剖析

路网交通拥堵的演化机理是一个复杂的过程,需要综合考虑多种因素,包括路网布局、交通流分配、交通冲突与延误、路网拓扑结构、交通工程与管理、突发事件以及城市规划和土地利用等。本节主要从高速公路角度对交通拥堵演化机理进行剖析,分为常发性交通拥堵与偶发性交通拥堵两种类型。常发性交通拥堵指高速公路区域某段的交通需求超过其通行能力而引起的交通拥堵,这种交通拥堵的产生有两种原因:一种是正常情况下交通需求逐步增大所造成的交通拥堵,另一种是因高速公路某段行驶环境不佳而造成的交通拥堵。而偶发性交通拥堵是因为某些随机事件导致高速公路区域某段的通行能力突然下降造成的交通拥堵,这些随机事件包括交通事故、恶劣天气、货物掉落等。高速公路偶发性交通拥堵的特点是突发性和随机性。

4.3.1 基于交通波动理论的高速公路交通拥堵机理分析

4.3.1.1 基于交通波动理论的拥堵机理分析

交通波动理论是将流体力学基本原理应用于交通现象而形成的。该理论从宏观角度出发,把车流的集聚和分散比拟为水波的起伏,进而把车流密度的变化抽象成车流波,并构建车流的连续性方程。当道路条件或交通状况发生变化而使得车流密度产生改变时,将在车流中观察到车流波的产生和传递。由低密度状态向高密度状态转变的界面,所体现的车流波为集结波;由高密度状态向低密度状态转变的界面,所体现的车流波为消散波。

假设沿一条道路上有两种不同密度的交通流在行进,S 线是两种密度 k_1、k_2 车流的分界线,分界线处的波速为 v_w。A 部分的车速为 v_1,密度为 k_1;B 部分的车速为 v_2,密度为 k_2;箭头方向为正方向,如图 4-3 所示。

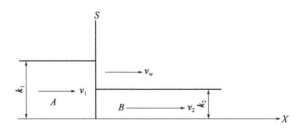

图 4-3 v_w 的推导示意图

时间 t 内通过断面 S 的车辆数应相等:

$$(v_1 - v_w)k_1 t = (v_2 - v_w)k_2 t \tag{4-1}$$

$$v_2 k_2 - v_1 k_1 = v_w(k_2 - k_1) \tag{4-2}$$

由交通流基本概念可知，$Q=KV$，将 $v_2k_2=q_2$，$v_1k_1=q_1$ 代入式(4-2)得：

$$v_w = \frac{q_2-q_1}{k_2-k_1} \tag{4-3}$$

当发生拥堵时，$k_1<k_2$，$q_1>q_2$，则：

$$v_w = -\frac{q_1-q_2}{k_2-k_1} \tag{4-4}$$

v_w 为负值，说明此时车流波的方向与原车流方向相反，此时过渡段开始发生拥堵现象。当 v_w 为正值时，不发生拥堵。

4.3.1.2 高速公路主线拥堵机理宏微观分析

从宏观交通流层面上来说，高速公路主线路段发生拥堵的主要原因有：

机动车数量过多造成交通量过大；节假日、双休日等交通高峰期引起的车辆聚集现象；高速公路本身设计上的缺陷，如互通间距设计过短。而在微观交通流层面上，如图4-4所示，将存在入口匝道的高速公路路段分为以上 $A \sim E$ 几个部分，其中 A 部分代表匝道合流区的上游交通状态，参数集合为 (Q_1,K_1,V_1)；B 部分代表匝道的合流区交通状态，参数集合为 (Q_2,K_2,V_2)；C 部分代表合流区下游的交通状态，参数集合为 (Q_3,K_3,V_3)；E 部分代表的是入口西道处的交通状态，参数集合为 (Q_4,K_4,V_4)；D 部分代表的是上游主线实际上能够进入合流区的交通流状态，参数集合为 (Q_R,K_R,V_R)。

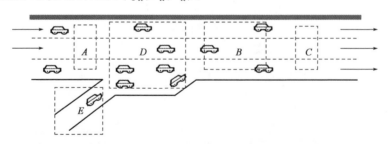

图4-4 高速公路入口匝道合流区交通流示意图

假设匝道的车流到达服从某种周期性分布规律，车辆到达的周期设为 T，入口匝道处的车流汇入主线所需的时间为 T_X。

(1) A 区匝道上游交通流状态分析。

A 区的交通运行状态与口区的实际交通流运行状态不同，密度也不相同，所以根据交通波动理论可以知道，在 A 和 D 区之间会产生一个车流波 V_{wAD}：

$$V_{\text{wAD}} = \frac{Q_1 - Q_R}{K_1 - K_R} \tag{4-5}$$

由式(4-5)可知,车流波 V_{wAD} 的方向与 Q_1、Q_R、K_1、K_R 的大小关系相关,D 区域交通状态为车流实际通过的交通流状态,该状态交通流密度 K_R 应当大于上游的交通流密度 K_1。

当 $Q_1 < Q_R$ 时,即上游车辆到达流量小于合流区实际通行能力时,可知 $V_{\text{wAD}} > 0$,即该车流波为前进波,表明车流能够顺利地通过合流区,不会对西道上游的运行状态造成影响。

当 $Q_1 > Q_R$ 时,即上游车辆到达流量大于合流区实际通行能力时,可知 $V_{\text{wAD}} < 0$,即该车流波为后退波,交通波的传递方向与实际的交通流运行方向相反,此时匝道上游的车辆将会排队并以速度 V_{wAD} 向上游反向传播。

(2)E 部分入口西道处的交通流状态分析。

当车辆汇入主线时间 T_X 小于车流到达周期时间 T 时,入口到达车辆可以在周期内完整地通过合流区,所以匝道内不会出现车辆排队现象。

当车辆汇入主线时间 T_X 大于车流到达周期时间 T 时,即由匝道驶入的车辆不能够在周期内完整地汇入主线,通过合流区,这就造成了西道排队现象,并且排队长度会随着时间的累积而延长。

(3)C 区匝道下游交通流状态分析。

车流由合流区 B 区继续运行至 C 区,车流逐渐平稳,车流降低,密度逐渐降低,即 $Q_2 > Q_3$,$K_2 > K_3$,由交通波动理论可知,在 B 区和 C 区之间会产生一个车流波 V_{wBC}:

$$V_{\text{wBC}} = \frac{Q_2 - Q_3}{K_2 - K_3} \tag{4-6}$$

由式(4-6)可知,该车流波 $V_{\text{wBC}} > 0$,即该车流波的能进方向与车流的前进方向相同。车流之间不会产生拥堵,所以下游的通行能力会逐步恢复,且主线下游的通行能力不小于合流区通行能力。

(4)交通流状态的演变过程。

此处讨论 $T_X > T$ 时,匝道车流无法在周期内完全汇入主线的情况。多余的车辆会在匝道内排队等待,随着等待时间的增长,会存在匝道上部分车辆强制汇入主线的驾驶行为,降低了交织区的通行能力,在交织区形成拥堵,在 A 区和 D 区之间产生一列交通波。当上游的驶入车辆 Q_1 大于合流区实际能通过的交通量 Q_R 时,主线道路上游将会产生拥堵现象和排队行为,产生的车流波将以 V_{wAD} 向上游传播;当上游的驶入车辆 Q_1 小于合流区实际能通过的交通量 Q_R 时,主线道路上游正常行驶。

4.3.2 基于尖点突变理论的高速公路交通拥堵机理研究

4.3.2.1 尖点突变理论

1976年，Thom提出突变理论，用来描述复杂系统在两个不连续的稳态之间的转变过程。应用突变理论可以在不清楚系统内部结构的情况下，直接处理连续作用导致的系统不连续突变，而不必事先掌握系统的确切模型[63]。根据状态变量和控制变量的个数，突变理论分为7种形式，考虑到交通流3个主要参数：速度、流量、占有率，所以选用尖点突变理论对交通拥堵演化过程进行分析。

城市快速路交通流是一个多参数控制的复杂系统，其运行过程符合尖点突变的5个主要特性：

(1) 突变性：在系统运行的关键节点，系统状态会从一个稳态突变到另一个稳态，交通流从非拥堵状态演化到拥堵状态，出现突变现象。

(2) 双峰性：系统存在两个稳定状态，交通流存在非拥堵和拥堵两种稳态。

(3) 发散性：在临界区域，控制变量的微小变化会导致系统状态发生很大的变化，占有率的微小变化会引起速度的突降。

(4) 不可达性：两个稳态之间存在不稳定的过渡状态，在这些状态上系统不能达到平衡，交通流状态在非拥堵与拥堵的过渡区域无法平衡。

(5) 滞后性：在拥堵的形成过程中，系统会出现突变，但是当拥堵消散时，这种突变并不明显。最佳延迟约束规定，系统具有滞后性，会持续驻留在一个最优状态，除非该状态消失。Maxwell约束规定，不具有滞后性的系统，控制变量在两个方向上变化，状态变量都会突变。

突变理论通过研究对象的势函数来解释系统的突变现象，势是系统具有采取某种趋向的能力，由系统各个组成部分的相对关系、相互作用决定。尖点突变的势函数如式(4-7)所示，势函数对状态变量的一阶导数即为系统的平衡曲面。

$$V(x,u,v) = x^4 + ux^2 + vx \quad (4-7)$$

平衡曲面方程由式(4-8)表示：

$$4x^3 + 2ux + v = 0 \quad (4-8)$$

势函数的二阶导数构成系统的分叉集方程，如式(4-9)所示，联立式(4-8)、式(4-9),求得系统的分叉集方程式(4-10)。将平衡曲面投影到控制变量的平面上,其迹线就是分叉集通过研究分叉集的性质,可以对突变现象进行界定和控制。

$$6x^2 + u = 0 \quad (4\text{-}9)$$
$$8u^3 + 27v^2 = 0 \quad (4\text{-}10)$$

4.3.2.2 基于突变理论的交通流建模

传统的交通流理论认为,交通流存在两个状态——拥堵和不拥堵,但是,Kerner提出的三相交通流理论指出,在自由流(F)和拥堵流(J)之间存在一个同步流状态(S)[64-65]。因此,如果以三相交通流理论为前提,结合突变理论进行分析,S即代表突变区域,其宽度取决于实际的交通状况。交通流往往随着通行能力的变化而波动,但交通流的状态转换无外乎 $F \to S \to J \to S$ 这样的循环,那么,尖点突变理论和三相交通流理论并不矛盾。在此基础上,对交通拥堵进行如下建模和分析。

交通流的运行状态,常常会随着道路通行能力的变化而波动,从畅通到拥堵,再恢复到畅通。道路的结构性瓶颈是影响道路通行能力的因素之一。如图4-5所示,一条双向八车道的道路,单向OA段三车道,车辆正常行驶,从B点开始车道减少,车辆出现换道抢道行为,导致BC段(过渡段)交通流混乱,通行能力下降,AB段受其影响交通流速降低,交通拥堵开始形成,并逐渐向上游蔓延。结构性瓶颈是造成常发性交通拥堵的主要原因,一旦交通量增大到超过瓶颈路段的通行能力,该路段就会出现拥堵。

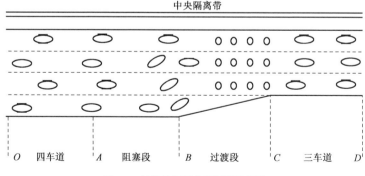

图4-5 结构性瓶颈交通拥堵示意图

引发交通拥堵的另一个原因是突发性的交通事故。如图4-6所示,一条双向六车道的道路,单向BC段突发交通事故,车辆必须减速换道绕开事故点,通行能力下降，AB 段受其影响，交通流出现拥挤，并不断向上游传播。突发性交通事故导致的交通拥堵持续时间较短，事故处理完成后，交通流逐渐恢复至正常状态。另外，道路施工、养护也是导致局部交通拥堵的因素之一，与上述情况相似，此处不赘述。

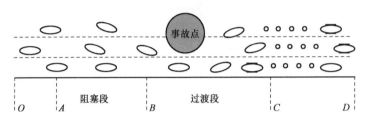

图 4-6　突发交通事故交通拥堵示意图

上述两种原因导致的交通拥堵可以抽象成图 4-7 所示的情形，图 4-7a) 代表结构性常发拥堵，图 4-7b) 代表交通事故突发拥堵。断面 S 将交通流分为两个密度区间，S 称为波阵面，V_w 代表 S 处的交通波的传播速度。从交通流理论的角度分析，两种情况的拥堵都可以运用道路断面交通量守恒的规律进行分析。

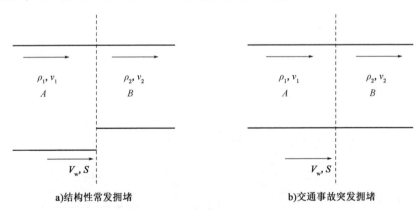

图 4-7　交通波传播示意图

由交通流守恒可知，时间 T 内穿过波阵面 S 的车辆数 N 为：

$$N = (v_1 - v_w)\rho_1 T = (v_2 - v_w)\rho_2 T \tag{4-11}$$

即有：

$$(v_1 - v_w)\rho = (v_2 - v_w)\rho \tag{4-12}$$

设 A、B 两个区域的交通量分别为 q_1、q_2，根据交通流参数的关系有：

$$q_1 = \rho_1 v_1 \quad q_2 = \rho_2 v_2 \tag{4-13}$$

根据式(4-11)~式(4-13)，得出：

$$v_w = \frac{q_2 - q_1}{\rho_2 - \rho_1} \tag{4-14}$$

在 A、B 两个区域车流量和密度大致相等的情况下，式(4-14)可改写成：

$$v_w = \frac{\Delta q}{\Delta \rho} = \frac{\mathrm{d}q}{\mathrm{d}\rho} \tag{4-15}$$

根据广义的速度-密度模型，车流运动时速度与密度的关系可描述为：

$$v = v_f \left[1 - \left(\frac{\rho}{\rho_j} \right)^n \right] \tag{4-16}$$

其中，v_f 为自由流速度，ρ_j 为阻塞密度，n 为参数，且 $n > 0$，显然当 $n = 1$ 时式(4-16)为交通流线性模型。根据交通流理论，交通流的速度将随密度的变化而变化，交通波速式(4-15)可改写为：

$$v_w = \frac{\mathrm{d}q}{\mathrm{d}\rho} = \frac{q}{\rho} + \rho \frac{\mathrm{d}v}{\mathrm{d}\rho} = v + \rho \frac{\mathrm{d}v}{\mathrm{d}\rho} \tag{4-17}$$

由式(4-16)可得，交通流速度对密度的一阶导数如下：

$$\frac{\mathrm{d}v}{\mathrm{d}\rho} = -\frac{n v_f}{(\rho_j)^n} \rho^{n-1} \tag{4-18}$$

考虑到拥堵交通流的非线性及实测数据的标定结果，取 $n = 2$，综合式(4-17)、式(4-18)可得：

$$\rho^3 + \frac{\rho_j^2}{2 v_f} v_w \rho - \frac{\rho_j^2}{2 v_f} q = 0 \tag{4-19}$$

基于此，令 ρ 为状态变量、v_w 和 q 为控制变量，对式(4-19)进行积分，可得交通流尖点突变的势函数：

$$E(\rho, v_w, q) = \frac{1}{4} \rho^4 + \frac{\rho_j^2}{4 v_f} v_w \rho^2 - \frac{\rho_j^2}{2 v_f} q \rho \tag{4-20}$$

令式(4-20)对密度的一阶偏导为0，还原成式(4-19)，即为交通流平衡曲面方程。

令 $V = \dfrac{\rho_j^2}{2v_f} v_w, Q = -\dfrac{\rho_j^2}{2v_f} q$，则式(4-19)可改写为：

$$\rho^3 + V\rho + Q = 0 \tag{4-21}$$

其中 ρ 为状态变量，V、Q 为控制变量。交通流平衡曲面的分叉集，即为式(4-21)的奇点集，令势函数的一阶偏导方程和二阶偏导方程均为 0，即式(4-22)，消去 ρ 可得到奇点集式(4-23)。

$$\begin{cases} \dfrac{\partial E}{\partial \rho} = \rho^3 + \dfrac{\rho_j^2}{2v_f} v_w \rho - \dfrac{\rho_j^2}{2v_f} q = 0 \\ \dfrac{\partial^2 E}{\partial \rho^2} = 3\rho^2 + \dfrac{\rho_j^2}{2v_f} v_w = 0 \end{cases} \tag{4-22}$$

$$4\left(\dfrac{\rho_j^2}{2V_f} v_w\right)^3 + 27\left(-\dfrac{\rho_j^2}{2V_f} q\right)^2 = 4V^3 + 27Q^2 = 0 \tag{4-23}$$

平衡曲面上满足式(4-23)的所有点构成交通流运行的临界状态，当交通流在平衡曲面的上叶和下叶运行时，对应两个稳态分别是高速稳定流和低速阻塞流，当系统轨迹从平衡曲面上叶经过中叶运动至曲面下叶时，系统状态发生突变，分析和识别不稳定的临界状态有助于对交通流的控制和疏导。

4.3.2.3 基于突变理论的交通状态识别

交通流平衡曲面方程式(4-19)为三次方程，其判别式如式(4-24)所示，即平衡曲面的分叉集方程。

$$\Delta = \dfrac{1}{4}\left(-\dfrac{\rho_j^2}{2V_f} q\right)^2 + \dfrac{1}{27}\left(\dfrac{\rho_j^2}{2V_f} v_w\right)^3 = 4V^3 + 27Q^2 \tag{4-24}$$

根据分叉集方程可以分析在不同的 v_w、q 情况下交通波的方向和交通流的状态，见表4-2。

由表4-2可知，当 $\Delta = 0$ 时，交通流处于拥堵形成的临界状态，此时可以得出交通波和密度的临界值，如式(4-25)所示：

$$v_w = -\sqrt[3]{\dfrac{27 v_f q^2}{2\rho_j^2}} \quad \rho_c = \sqrt[3]{\dfrac{2\rho_j^2 q}{2\rho_j^2}} \tag{4-25}$$

交通状态 v_w 和 q 的关系   表 4-2

序号	Δ 取值	v_w 和 q 关系	状态
1		$v_w = 0, q > 0$	F, 交通流持续增长
2	$\Delta > 0$	$v_w > 0, q > 0$	S, 集结波, 交通流 $F \to J$
3		$v_w > 0, q = 0$	J, 拥堵向上游传播
4		$v_w < 0, q > 0$ $0 < -4V^3 < 27Q^2$	S, 消散波, 交通流 $J \to F$
5	$\Delta = 0$	$v_w = 0, q = 0$ $4V^3 = -27Q^2 = 0$	临界状态, 拥堵停止传播
6		$v_w < 0, q = 0$ $4V^3 = -27Q^2 < 0$	临界状态, 拥堵开始消散
7	$\Delta < 0$	$v_w < 0, q > 0$ $4V^3 < -27Q^2 < 0$	S, 消散波, 交通流 $J \to F$

交通波的临界值取决于具体的交通条件,并随流量的变化而变化。由式(4-25)易知,交通波的绝对值与 ρ_j、q 正相关,与 ρ_j 负相关,换言之,道路等级越高(v_f 越大),服务水平越高(ρ_j 越小),交通量越大,拥堵形成时的反向交通波蔓延速度越快,越容易在较短时间内造成阻塞。城市快速路的交通流运行状态经常受到很多因素的影响,这些因素在以往的拥堵机理研究中很少被考虑,本书将这些影响因素纳入拥堵传播机理的模型。

4.4 全路网交通流状态预判模型

全路网交通流状态预判模型是首先分析交通流参数(如流量、速度等)的时间分布变化规律,然后利用时间序列模型构建交通流参数预测方法,进而利用预测后的交通流特征参数进行交通运行状态判别,实现对全路网交通流变化趋势的精准预判。针对高速公路和普通国省道交通流数据的独特性,分别提出高速公路交通流状态预判模型和普通国省道交通流状态预判模型。

4.4.1 高速公路交通流状态预判模型

4.4.1.1 基于 ARIMA 的高速公路短时交通流预测方法

结合高速公路交通量时间分布特性,本书提出基于 ARIMA 的高速公路短时交通量预测方法。该方法首先对获取的高速公路交通量时间序列数据进行平稳性检验,对非平稳序列进行平稳化处理,根据时间序列预测模型识别方法,选择合适的模型阶数,然后采用极大似然估计法确定模型参数,构建 ARIMA(p, d, q)

模型，再通过残差检验分析模型合理性，最后采用标定好的模型预测未来时段的交通量，具体流程图如图4-8所示。

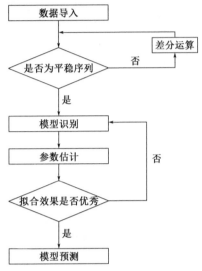

图4-8 ARIMA模型预测流程

(1)平稳性检验。

在ARIMA模型建立过程中，需要判断序列数据的平稳性，以确定是否需要进行差分运算。判断序列数据平稳性的方法有图形分析法和单位根检验法。图形分析法是分析反映时间序列关系的图像以判断时间序列是否平稳，如时间序列图分析法、自相关图分析法，其中时间序列图分析法即根据时间序列数据随时间变化的趋势图判断其平稳性，自相关图分析法是通过分析自相关图为截尾或拖尾以判断其平稳性。单位根检验包括广迪基-富勒检验（Augmented Dickey-Fuller，ADF检验）、科维亚特科夫斯基-菲利普斯-施密特-辛检验（Kwiatkowski-Phillips-Schmidt-Shin，KPSS检验）、菲利普斯-佩龙检验（Phillips-Perron，PP检验）。本书采用ADF检验，因为ADF检验能够检测到时间序列数据的发展趋势，为本书的平稳性检验提供更准确的结果。

选用济青高速公路2023年1月16日的流量数据进行平稳性分析，统计数据的时间间隔为5min。该高速公路的流量趋势变化如图4-9所示，从图中可以发现交通量在6:00之后发生骤增，18:00之后大幅降低，凸显了高速公路交通量数据的时段波动性，初步判断该时间序列不平稳，故对其进行一阶差分运算和二阶差分运算，具体运算结果如图4-10、图4-11所示。然后采用ADF单位根检验方法依次判定原流量序列、一阶差分序列以及二阶差分序列的平稳性，检验结果见表4-3。

假设原始时间序列为平稳序列,从表中可以看出原流量序列的 t 统计量大于 10% 置信水平下的值,且 p 值大于 0.05,则拒绝原流量数据序列平稳的假设,得出该原始序列为非平稳序列;假设一阶差分序列为平稳序列,对一阶差分序列进行 ADF 检验,检验结果为 t 统计量大于 10% 置信水平值且 p 值大于 0.05,则拒绝原假设,得出一阶差分序列为非平稳序列;假设二阶差分序列为平稳序列,二阶差分 ADF 检验结果中 t 统计量小于 1% 置信水平下的值,且 p 值远小于 0.05,则接受原假设,二阶差分序列为平稳序列,故后续研究均基于二阶差分序列进行。

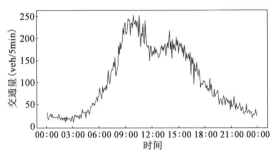

图 4-9　济青高速公路交通量趋势变化图

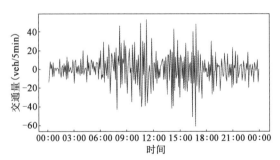

图 4-10　济青高速公路交通量一阶差分图

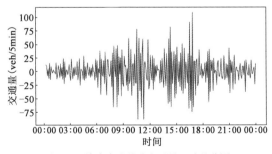

图 4-11　济青高速公路交通量二阶差分图

ADF 检验结果　　　　　　　　　　　　　表 4-3

差分阶数	t 统计量	p	不同置信水平下临界值		
			1%	5%	10%
0	-1.599	0.484	-3.454	-2.872	-2.572
1	-2.768	0.063			
2	-11.094	4.023×10^{-20}			

(2)模型识别。

模型识别是基于平稳化处理后的数据,利用定阶方法选择 ARMA(p,q)、AR(p)和 MA(q)中的一类模型进行建模,即确定 p 和 q 值,具体的识别方法有两种。一种方法是图形特征识别法,即通过序列数据的自相关图与偏自相关图的特征进行识别,识别规则见表 4-4,表中截尾是指图中的数值在某阶后均为零,拖尾是指图中的数值衰减趋于零。这种方法的识别结果主观性过强,准确度取决于观察者的经验。另一种方法是信息准则法,采用赤池信息准则(AIC)和贝叶斯信息准则(BIC),表达式如式(4-26)、式(4-27)所示,该方法的识别结果客观性更强。当 AIC 或 BIC 值最小时,p 和 q 为该模型中最佳阶数;当 AIC 准则和 BIC 准则所得出的结果不同时,应进行多次检验,以从中选取最优的 p、q 值。

$$AIC(p,q) = \ln \hat{\sigma}_\varepsilon^2 + \frac{2(p+q)}{N} \qquad (4-26)$$

$$BIC(p,q) = \ln \hat{\sigma}_\varepsilon^2 + \frac{(p+q)\ln N}{N} \qquad (4-27)$$

式中:$\hat{\sigma}_\varepsilon^2$——极大似然估计值;

N——样本数量。

模型类别识别规则　　　　　　　　　　表 4-4

模型	自相关图特点	偏自相关图特点
AR(p)	拖尾	p 阶后截尾
MA(q)	q 阶后截尾	拖尾
ARMA(p,q)	q 阶后拖尾	p 阶后拖尾

本书采用图形特征和信息准则相结合的定阶方法进行高速公路短时交通量模型识别。在二阶差分数据序列的基础上,使用 EVIEWS7 分析得到自相关图和偏自相关图,如图 4-12 所示,AC、PAC 分别是自相关系数和偏自相关系数。从图中可以看出,自相关系数在 2 阶以后均落在置信区间内,可以判断 2 阶以后

拖尾,初步确定 q 不大于 2;偏自相关系数在 8 阶后均落在置信区间内,可以判断 8 阶后拖尾,初步确定 p 不大于 8。

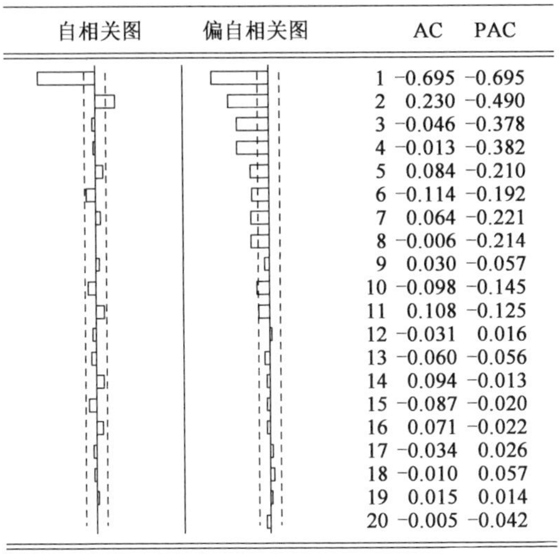

自相关图	偏自相关图	AC	PAC
		1 −0.695	−0.695
		2 0.230	−0.490
		3 −0.046	−0.378
		4 −0.013	−0.382
		5 0.084	−0.210
		6 −0.114	−0.192
		7 0.064	−0.221
		8 −0.006	−0.214
		9 0.030	−0.057
		10 −0.098	−0.145
		11 0.108	−0.125
		12 −0.031	0.016
		13 −0.060	−0.056
		14 0.094	−0.013
		15 −0.087	−0.020
		16 0.071	−0.022
		17 −0.034	0.026
		18 −0.010	0.057
		19 0.015	0.014
		20 −0.005	−0.042

图 4-12　自相关和偏自相关分析图

利用 Python 中 statsmodels 库调用 AIC 和 BIC 函数自动定阶,得到最佳阶数 $p=4$、$q=1$,从而确定模型为 ARIMA(4,2,1)。

(3)参数估计。

模型参数估计是使用极大似然法估计 $\varphi_1, \varphi_2, \cdots, \varphi_p$ 和 $\theta_1, \theta_2, \cdots, \theta_q$ 等系数,得出模型的完整表达式。极大似然估计法的核心思想是估计出使样本出现概率最大的参数。极大似然估计法估计参数的一般步骤为选择合适的概率分布模型、建立似然函数、取对数化和求解参数。

基于济青高速公路 2023 年 1 月 16 日的流量数据,使用 Python 中 statsmodels 库拟合 ARIMA(4,2,1)模型,得到表达式为式(4-28)。

$$\nabla^2 x_t = -0.002 - 0.789 \nabla^2 x_{t-1} - 0.524 \nabla^2 x_{t-2} - 0.35 \nabla^2 x_{t-3} - 0.175 \nabla^2 x_{t-4} - 0.196 e(t-1) \quad (4-28)$$

(4)模型检验。

残差检验是基于模型拟合值与真实值之差(即残差),对模型的拟合度进行评估,即是对残差序列数据的白噪声检验。如果残差为白噪声,说明模型拟合较为合理;如果残差为非白噪声,说明模型拟合不合理,须继续优化。

残差序列数据趋势如图 4-13 所示,从图中可以看出,该残差序列分布没有特定规律，初步判断为白噪声。残差检验结果中 p 值为 0.406，远大于 0.05，则可以判定该序列为白噪声序列，残差检验通过，该模型拟合度为优。

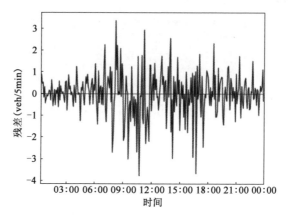

图 4-13　残差序列数据趋势

(5)实例分析。

基于 ARIMA 模型的静态预测属于滚动窗口预测，每预测一次都将重新加入真实值代替预测值，然后进行下一次预测。该静态预测法可以有效避免预测值误差累加的问题，故本书采用基于 ARIMA 模型的交通量静态预测方法与移动平均法和指数平滑法的预测结果进行对比分析，以验证本书提出的预测模型的有效性。

①实验数据及预测结果。

利用 2023 年 1 月 16 日交通量数据所获取的预测模型 ARIMA(4,2,1)，预测 2023 年 1 月 17—20 日未来四个工作日 1152 条交通量数据，预测结果如图 4-14～图 4-17 所示。

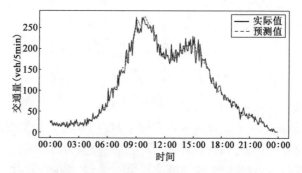

图 4-14　2023 年 1 月 17 日 ARIMA 交通量预测趋势

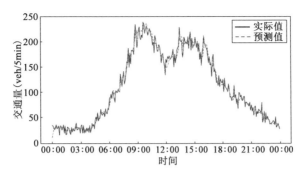

图 4-15　2023 年 1 月 18 日 ARIMA 交通量预测趋势

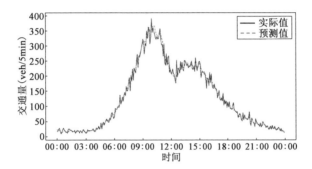

图 4-16　2023 年 1 月 19 日 ARIMA 交通量预测趋势

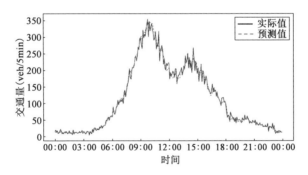

图 4-17　2023 年 1 月 20 日 ARIMA 交通量预测趋势

图 4-14～图 4-17 中,四天的预测值始终在真实值上下波动,表明本书预测模型能够有效获取交通量时间序列数据的未来趋势,并且发现四天的交通预测交通量值均呈现双峰趋势,双峰时段在 6:00—19:00,双峰时段范围内的预测值与实际值相差较大,双峰时段外的预测值更接近实际值,表明 ARIMA 模型在对交通量较小、波动性不大的时间序列数据进行预测时效果更优。

本书选用 MAE、MAPE、RMSE 误差指标进行预测结果分析,具体公式如式(4-29)~式(4-31)所示,误差分析结果见表4-5。

表4-5 2023年1月17—20日误差分析结果

日期	MSE	MAPE	RMSE
2023年1月17日	6.778	0.126	9.378
2023年1月18日	6.756	0.090	8.701
2023年1月19日	7.618	0.095	10.814
2023年1月20日	6.951	0.101	9.984
总平均误差	7.027	0.103	9.751

绝对平均误差的公式为:

$$\mathrm{MAE} = \frac{1}{n}\sum_{i=1}^{n}|y_t - \hat{y}_t| \tag{4-29}$$

绝对平均百分比误差的公式为:

$$\mathrm{MAPE} = \frac{1}{n}\sum_{i=1}^{n}\left|\frac{y_t - \hat{y}_t}{y_t}\right| \tag{4-30}$$

均方根误差的公式为:

$$\mathrm{RMSE} = \sqrt{\frac{1}{n}\sum_{i=1}^{n}(y_t - \hat{y}_t)^2} \tag{4-31}$$

式中:n——预测序列值的总数;

y_t——实际的交通量;

$\hat{y}_t$——预测的交通量。

由2023年17—18日的误差结果分析表可知,四天的 MSE、MAPE 和 RMSE 误差指标均相差不大,其中2023年1月18日和2023年1月19日的误差分析结果相对良好,表明 ARIMA 模型预测准确度较高,具有较好的可移植性和适应性,能够准确预测短时交通量数据。

②预测方法对比分析。

指数平滑法是对历史数据进行加权平均的预测方法,移动平均法是对移动窗口内的数据进行平均的预测方法,上述两种方法均可在一定程度上消除流量数据的随机波动,并基于时间序列的趋势规律实现交通量的预测分析。故本书采用指数平滑法和移动平均法对相同的实验数据集进行量预测,预测结果如图4-18、图4-19所示。后续与本文提出的 ARIMA 预测模型进行预测效果对比分析,误差分析结果如图4-20、图4-21所示。

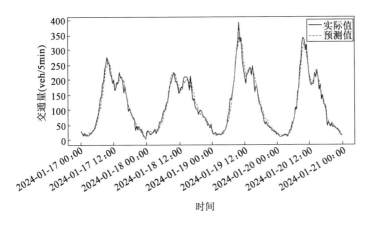

图 4-18　2023 年 1 月 17—20 日移动平均法预测结果趋势

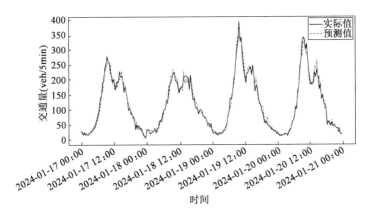

图 4-19　2023 年 1 月 17—20 日指数平滑法预测结果趋势图

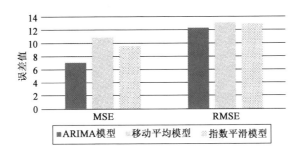

图 4-20　2023 年 1 月 17—20 日交通量数据 MAE、RMSE 误差指标对比图

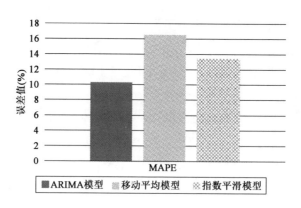

图 4-21 2023 年 1 月 17—20 日流量数据 MAPE 误差指标对比图

从图 4-18、图 4-19 可知,ARIMA 模型、指数平滑模型和移动平均模型均能够获得准确可靠的时间序列趋势预测值。从图 4-20、图 4-21 可知,ARIMA 模型的 MAE、MAPE、RMSE 均低于指数平滑模型和移动平均模型,其中移动平均模型和指数平滑模型的 MAPE 误差分别为 0.165 和 0.134,高于 ARIMA 模型的 0.103,表明 ARIMA 模型的预测精度优于指数平滑模型和移动平均模型,具有较好的预测准确性和稳定性。

③总结。

基于济青高速公路的真实交通量数据,通过平稳性检验、模型识别、参数估计以及模型检验方法,建立了 ARIMA(4,2,1) 短时交通量预测模型,并以 2023 年 1 月 17—20 日的交通量时间序列数据为例,进行与指数平滑模型和移动平均模型预测结果的对比分析。结果证明,ARIMA 模型的预测效果优于指数平滑模型和移动平均模型,验证了 ARIMA 模型在高速公路短时交通量预测方面的有效性。

考虑到高速公路交通量的影响因素众多,如恶劣气候、突发事故等,未来可将 ARIMA 模型与非线性模型进行组合预测,提高突发场景下高速公路交通量数据的预测精度,建立适用于不同状况的高速公路交通量通用预测模型。

4.4.1.2 基于饱和度的高速公路交通状态划分方法

(1)交通饱和度计算。

①基本通行能力计算。

高速公路是多车道公路,和其他多车道道路一样,由于两个方向的交通运行互不依赖,且两个方向在其前进方向上的线形(其中主要是纵断线形上)是不同的,因此,对两个方向行车道的通行能力和服务水平的分析计算是分别进行的。

进行通行能力分析之前,应先掌握最大服务交通量和设计通行能力的计算公式[66]。

a. 最大服务交通量。

$$\mathrm{MSV}_i = C \times \left(\frac{V}{C}\right)_i \tag{4-32}$$

式中:MSV_i——在基准条件下,第 i 级服务水平的最大服务交通量[pcu/(h·ln)];

$\left(\frac{V}{C}\right)_i$——第 i 级服务水平下,最大服务交通量与基准通行能力的比值;

C——基准通行能力,即基准条件下一车道所能通行的最大交通量, pcu/(h·ln);对于设计速度为 120km/h、100km/h 和 80km/h 的高速公路基本路段,其 C 值分别为 2200pcu/(h·ln)、2100pcu/(h·ln)和 2000 pcu/(h·ln)。

b. 单向行车道的实际通行能力。

$$C_p = C \times N \times f_w \times f_{HV} \times f_p \tag{4-33}$$

式中:C_p——单向行车道的实际通行能力,即在具体条件下所能通行的最大交通量,[veh/(h·ln)];

C——基准通行能力,(veh/h);

N——单向行车道的车道数;

f_w——车道宽度和侧向净宽对通行能力的修正系数;

f_{HV}——大型车对通行能力的修正系数;

f_p——驾驶员条件对通行能力的修正系数。

c. 单向行车道的设计通行能力。

$$C_D = \mathrm{MSV}_i \times N \times f_w \times f_{HV} \times f_p = C \times \left(\frac{V}{C}\right)_i \times N \times f_w \times f_{HV} \times f_p \tag{4-34}$$

式中:C_D——单向行车道设计通行能力,即在具体条件下,采用 i 级服务水平时所能通行的最大交通量,[veh/(h·ln)]。

②通行能力影响因素及其修正系数。

a. 车道宽度及侧向净宽的修正系数 f_w,见表 4-6。

车道宽度和侧向净宽修正指数 f_w　　　　表 4-6

侧向净宽(m)	行车道一边有障碍物车道宽度(m)		行车道两边有障碍物车道宽度(m)	
	3.75	3.50	3.75	3.50
有中央分隔带的双向四车道公路				
≥1.75	1.00	0.97	1.00	0.97
1.60	0.99	0.96	0.99	0.96
1.20	0.99	0.96	0.98	0.95
0.90	0.98	0.95	0.96	0.93
0.60	0.97	0.94	0.94	0.91
0.30	0.93	0.90	0.87	0.85
0	0.90	0.87	0.81	0.79
有中央分隔带的双向六或八车道公路				
≥1.75	1.00	0.96	1.00	0.96
1.60	0.99	0.95	0.99	0.95
1.20	0.99	0.95	0.98	0.94
0.90	0.98	0.94	0.97	0.93
0.60	0.97	0.93	0.96	0.92
0.30	0.95	0.92	0.93	0.89
0	0.94	0.91	0.91	0.87

注:1. 当常见的中央带护栏已为广大驾驶员所熟悉,且基本上不影响车辆行驶时,可不作为障碍物。
　　2. 两边侧向净宽不足且不相等时,取两侧净宽的平均值。

b. 大型车的修正系数 f_{HV}。

$$f_{HV} = \frac{1}{1 + P_{HV}(E_{HV} - 1)} \quad (4-35)$$

式中:P_{HV}——大型车交通量占总交通量的百分比(%);
　　　E_{HV}——大型车换算成小客车的车辆换算系数。
　　　E_{HV} 取值见表 4-7、表 4-8。特定纵坡路段上的 E_{HV} 见表 4-9、表 4-10。

第4章 全路网交通流状态动态演化机理研究

各级公路通用的车辆换算系数 表4-7

汽车代表车型	车辆换算系数	说明
小客车	1.0	座位≤19座的客车和载重量≤2t的货车
中型车	1.5	座位>19座的客车和2t<载重量≤7t的货车
大型车	2.5	7t<载重量≤20t的货车
汽车列车	4.0	载重量>20t的货车

高速公路、一级公路路段车辆换算系数 E_{HV} 表4-8

车型	平原微丘区	重丘区	山岭区	说明
大型车	1.7/2.0	2.5/3.0	3.0	分子适用于高速公路,分母适用于一级公路
小客车	1.0	1.0	1.0	

当大型车中 122kg/kW 左右及以下的车辆较多,并成为影响设计通行能力的主要因素时,在特定的坡度、坡长范围内,上坡段中大型车换算系数 E_{HV} 值见表4-9。

特定上坡路段(122kg/kW)大型车的车辆换算系数 E_{HV} 表4-9

坡度(%)	坡长(m)	双向四车道高速公路	双向六或八车道高速公路
2	≥1000	3	3
3	400~1000	3	3
	≥1000	4	4
4	<400	3	3
	400~800	4	4
	≥800	5	4
5	<300	4	4
	300~500	5	5
	500~1000	6	5
	≥1000	7	6
6	<300	5	4
	300~500	6	5
	500~1000	7	6
	≥1000	8	7

当大型车中总质量/千瓦为 177kg/kW 左右及以下的车辆较多,并成为影响设计通行能力的主要因素时,在特定的坡度、坡长范围内,上坡段中大型车换算

系数 E_{HV} 值见表 4-10。

特定上坡路段（177kg/kW）大型车的车辆换算系数 E_{HV} 表 4-10

坡度(%)	坡长(m)	双向四车道高速公路	双向六或八车道高速公路
4	<400	3	3
	400~800	5	4
	800~1200	6	5
	1200~1600	7	6
	≥1600	8	7
5	<300	4	4
	300~700	6	6
	700~1200	10	8
	≥1200	12	10
6	<300	5	4
	300~600	8	7
	≥600	16	12

c. 驾驶员条件的修正系数 f_p。

驾驶员条件是指驾驶员的技术熟练程度、遵守交通法规的程度，在高速公路上尤其指驾驶员在所研究的高速公路或其相似的路段上行驶经验及其健康状况。f_p 通常在 0.90~1.00 之间取值。

经过分析讨论选取基本路段饱和度 V/C 值作为评价依据，结合理论方法对某一路段或路网内交通流拥挤状况进行相对精确的判断，计算公式如下：

$$S_e = V/C \tag{4-36}$$

式中：S_e——路段交通饱和度；

V——路段车流量 [pcu/(h·ln)]；

C——路段基本通行能力 [pcu/(h·ln)]。

（2）交通运行状态判别。

交通饱和度是指道路或交通网络在单位时间内承载的交通量与其设计容量的比值，如式（4-36）所示，其大小主要取决于道路的车流量和通行能力，能较直观地反映道路的服务等级水平，因此选用该评价指标作为高速公路交通流运行状态的评价标准，并对其服务水平等级进行了划分，见表 4-11。

高速公路基本路段服务水平分级　　　　　表 4-11

服务水平等级	V/C	设计速度(km/h)		
		120	100	80
		最大服务交通量[pcu/(h·ln)]	最大服务交通量[pcu/(h·ln)]	最大服务交通量[pcu/(h·ln)]
一	$V/C \leq 0.35$	750	730	700
二	$0.3 < V/C \leq 0.55$	1000	900	800
三	$0.5 < V/C \leq 0.75$	1400	1250	1100
四	$0.7 < V/C \leq 0.9$	1800	1600	1450
五	$0.9 < V/C \leq 1.0$	2000	2100	1800
六	$V/C > 1.0$	0-2000	0-1800	0-1600

①服务水平一级:交通量很小,车流为自由流,使用者不受或基本不受交通流中其他车辆的影响,驾驶自由度大,可自由地选择所期望的速度,为驾驶员和乘客提供的舒适便利程度极高。

②服务水平二级:交通量较服务水平一级有所增加,车流处于稳定流的较好部分。在交通流中,开始易受其他车辆的影响,选择速度的自由度相对来说还不受影响,驾驶自由度比服务水平一级稍有下降。由于其他车辆开始对少数驾驶员的驾驶行为产生影响,所提供的舒适和便利程度较服务水平一级低一些。

③服务水平三级:交通量大于服务水平二级下的交通量,车流处在稳定流范围的中间部分,但车辆间的相互影响变大,选择速度受到其他车辆的影响,驾驶时需相当留心其他车辆,舒适和便利程度有明显下降。

④服务水平四级:交通量进一步增大,车流处在稳定交通流的较差部分。速度和驾驶自由度受到严格约束,舒适和便利程度低下。当接近这一服务水平下限时,交通量有少量增加就会导致运行出现问题。

⑤服务水平五级:车流常处于不稳定流状态,接近或达到最大交通量时,如果交通量有小的增加,或交通流内部有小的扰动就将产生大的运行问题,甚至发生交通中断。该服务水平下限时的最大交通量即为基准通行能力(对基准条件而言)或实际通行能力(对实际道路而言)。

⑥服务水平六级:车流处于强制流状态,车辆经常排成队,跟着前面的车辆停停走走,极不稳定。在该服务水平中,交通量与速度同时由大变小,直到零为止,而交通密度则随交通量的减少而增大。

4.4.2 普通国省道交通流状态预判模型

采用时间序列模型对普通国省道交通流状态进行预测,首先介绍移动平均法和指数平滑法两种预测方法,然后分别对交通量数据进行预测和结果分析。

4.4.2.1 基于时间序列的日交通量预测模型

(1)移动平均法。

移动平均法是一种利用历史数据平均值预测未来值的预测方法。与简单平均法不同,移动平均法则是选定固定长度的时间窗口,对其历史观测数据求取平均值作为未来的预测值。随着预测时刻的推移,将其固定长度的时间窗口向后持续滚动,不断更新预测值。移动平均法可以较好地平滑数据的波动性,用于预测数据发展趋势。

移动平均法将历史 t 天的交通量加以平均,作为下一天数据的预测值。设移动平均法的移动平均间隔为 k。

第 t 天交通量的移动平均预测公式为:

$$\overline{Y}_t = \frac{Y_{t-k+1} + Y_{t-k+2} + \cdots + Y_{t-1} + Y_t}{k} \tag{4-37}$$

第 $t+1$ 天交通量的移动平均预测值公式为:

$$F_{t+1} = \overline{Y}_t = \frac{Y_{t-k+1} + Y_{t-k+2} + \cdots + Y_{t-1} + Y_t}{k} \tag{4-38}$$

第 $t+2$ 天交通量的移动平均预测值公式为:

$$F_{t+2} = \overline{Y_{t+1}} = \frac{Y_{t-k+2} + Y_{t-k+3} + \cdots + Y_t + Y_{t+1}}{k} \tag{4-39}$$

移动平均法利用历史数据,计算移动平均值时,所选用的固定长度时间窗口向后滚动的时间间隔均为 k。移动平均法的关键是确定合理的固定时间窗口大小和滚动的时间间隔(即固定时间窗口滚动的时间长度)。

较小的固定时间窗口或滚动时间间隔均能够敏感反映时间序列数据的短期波动和变化,较小的固定时间窗口或时间间隔使得移动平均在计算平均值时只涵盖了较少的数据点,因此更容易受到短期波动和噪声的影响,能够更灵敏地捕捉到短期的变化情况和波动,可适用于短期趋势分析和预测。当固定时间窗口或滚动时间间隔较大时,则能平滑反映长期趋势和周期性变化,移动平均会对短期的波动和噪声进行平滑处理,减少随机性干扰,使得长期趋势更加明显和稳定,适用于对长期趋势和周期性变化进行分析和预测。移动平均法的固定时间窗口和滚动时间间隔的大小,需要根据具体的数据特点和分析目的确定。

(2)指数平滑法。

指数平滑法是一种基于指数加权平均的时间序列预测方法,指数平滑法按照一定的权重对当前观测值与过去观测值进行加权组合,进而得到预测值,其中近期的观测值权重较大,早期的观测值权重较小。

一次指数平滑法也称单一指数平滑法,只有一个平滑系数,且观测值离预测时期越久远,权数变得越小。一次指数平滑是将一段时期的预测值与观测值的线性组合作为第 $t+1$ 天交通量的预测值 F_{t+1},预测模型为:

$$F_{t+1} = \alpha Y_t + (1-\alpha) F_t \tag{4-40}$$

式中:α——平滑系数 $0 \leq \alpha \leq 1$;

F_t——第 t 天的交通量的预测值;

Y_t——第 t 天的交通量观测值。

此模型可以看作是将同一天的观测值和预测值进行加权平均,权重由平滑系数 α 决定。平滑系数越接近1,观测值的权重越大,而平滑系数越接近0,预测值的权重越大。

第二天交通量指数平滑预测公式为:

$$F_2 = \alpha Y_1 + (1-\alpha) F_1 = \alpha Y_1 + (1-\alpha) Y_1 = Y_1 \tag{4-41}$$

第三天交通量指数平滑预测公式为:

$$F_3 = \alpha Y_2 + (1-\alpha) F_2 = \alpha Y_2 + (1-\alpha) Y_1 \tag{4-42}$$

第四天交通量指数平滑预测公式为:

$$F_4 = \alpha Y_3 + (1-\alpha) F_3 = \alpha Y_3 + (1-\alpha) Y_2 + (1-\alpha)^2 Y_1 \tag{4-43}$$

使用指数平滑法的关键是确定一个合理的平滑系数,不同的平滑系数会对预测精度产生较大的影响。当时间序列数据存在较大随机波动时,建议选取较大的平滑系数,以更好捕捉近期数据的变化趋势;当时间序列较为平稳时,则建议选取较小的平滑系数。通过不断调整优化平滑系数 α,可使未来交通量的预测结果更加精准。

(3)实例分析。

基于时间序列的预测模型属于滚动窗口预测,每次预测都将重新加入上一步预测值代替观测值,然后进行下一步预测,可以有效降低观测值受其他因素的干扰影响,故本书分别采用移动平均法和指数平滑法对观测站的交通量数据进行预测,并将预测值与观测值进行对比分析,以验证上述两种预测方法的有效性。

本实例分析基于党家观测站的 2017—2019 连续三年的历史交通量数据,

以每个月周三平均日交通量的时间序列为例,预测未来2019年12月周三平均日交通量。根据观测站数据中的月变系数、周变系数以及年平均日交通量,利用式(4-43)计算得到每月周三的平均日交通量,组成了含有36个样本数据的时间序列。取前26个样本数据为训练集,分别确定移动平均法的最优次数和指数平滑法的最优平滑系数α,然后基于参数优化后的两种预测模型,将最后10个样本数据作为测试集进行相对误差对比分析。

最后可根据式(4-43),求得未来某一天的年平均日交通预测值。

$$DT = \frac{AADT'}{M \times D} \tag{4-44}$$

式中:AADT′——年平均日交通量;

　　　DT——某天的日交通量(veh/日);

　　　M——预测日所在月份的月交通量变化系数;

　　　D——预测日的周日交通量变化系数。

①移动平均法。

基于26个历史时间序列数据,分别利用不同固定时间窗口的移动平均法进行预测,得到周三的平均日交通量预测结果,同测试集进行误差分析,误差分析见表4-12。

基于移动平均法的周三平均日交通量预测误差分析　　表4-12

方法	MAPE(%)
二次移动平均法	6.51
三次移动平均法	6.66
四次移动平均法	5.30
五次移动平均法	4.59

上述移动平均法是采用不同固定时间窗口对窗口内的样本数据进行滚动预测,通过分析发现移动平均法的最优预测次数为5次,故在不同时间序列模型的对比分析小节中,采用五次移动平均法对测试集数据进行预测。

②指数平滑法。

a. 样本量较大的实验结果分析。

模型训练阶段,使用训练集中的26个历史时间序列数据,根据均方误差最小的原则,确定最优平滑系数 $\alpha = 0.2052$,并在式(4-39)中分别代入 α 和 Y_2、F_2 预测得到 F_3 值,依此类推得到测试集中每周三的平均日交通量预测值。

b. 样本量较小的实验结果分析。

模型训练阶段,使用训练集中的10个(即第17~26个)历史时间序列数据,根据均方误差最小的原则,确定最优平滑系数 $\alpha = 0.1714$,并在式(4-39)中分别代入 α 和 Y_2、F_2 预测得到 F_3 值,依此类推得到测试集中每周三的平均日交通量预测值。

c. 指数平滑法对比分析。

利用两个样本量不同的训练集分别进行指数平滑法预测,并将预测值与测试集进行误差分析,见表4-13。

指数平滑法误差分析表　　　　　　表4-13

训练集样本量	MAPE(%)
26	6.86
10	7.09

由表4-13可知,训练集范围较大所对应的指数平滑法预测结果更接近实际值,预测效果最优。

③不同时间序列模型的对比分析。

上述两种标定后的时间预测方法均可在一定程度上消除交通量数据的随机波动,并利用时间序列的趋势变化规律实现交通量的预测分析。故本书采用指数平滑法和移动平均法分别对相同的测试集进行交通量预测,预测结果如图4-22所示,并进行误差对比分析,分析结果见表4-14。

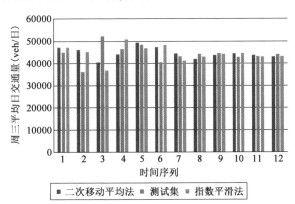

图4-22　基于两种时间序列方法的周三平均日交通量预测结果

周三平均日交通量预测值误差分析　　　　　　表4-14

方法	MAPE(%)
五次移动平均法	4.59
指数平滑法($\alpha = 0.2052$)	6.59

由表4-14可知,移动平均法的预测效果优于指数平滑法,移动平均法可以较好地消除历史交通数据的随机波动,有效获取交通量时间序列数据的未来发展趋势,验证了移动平均法在高速公路交通量预测方面的有效性。

4.4.2.2 基于观测站数据的普通国省道交通状态判定方法

考虑到不同国省道的车道数、服务水平和公路等级均不同,故本节选用饱和度作为统一的普通国省道交通状态判定标准,其中饱和度即为实际交通量与通行能力之比。普通国省道交通状态可根据饱和度细分为自由流、同步流和堵塞流三种状态。自由流状态下的交通流运行特征是车流运行通畅,密度低、速度高,且随着密度减小,流量会大幅增长;同步流状态下的交通流特征是车流运行处于亚稳定状态,密度较高、速度较低,但车流仍处于大容量通行状态;堵塞流状态下的交通流特征是车流处于极不稳定状态,密度高、速度低,交通流内部稍有扰动,就可能发生交通中断。具体的分级标准见表4-15,该分级标准参考行业标准《公路工程技术标准》(JTG B01—2014)[67]中一级公路服务水平分级表,见表4-16。

普通国省道交通状态判断标准　　　　表4-15

交通状态	自由流	同步流	堵塞流
饱和度S	(0,0.35]	(0.35,0.8]	(0.8,∞)

一级公路服务水平分级　　　　表4-16

服务水平等级	V/C值	设计速度(km/h)		
		100	80	60
		最大服务交通量[pcu/(h·ln)]	最大服务交通量[pcu/(h·ln)]	最大服务交通量[pcu/(h·ln)]
一	$V/C≤0.03$	600	550	480
二	$0.3<V/C≤0.5$	1000	900	800
三	$0.5<V/C≤0.7$	1400	1250	1100
四	$0.7<V/C≤0.9$	1800	1600	1450
五	$0.9<V/C≤1.0$	2000	1800	1600
六	$V/C>1.0$	0~2000	0~1800	0~1600

(1)基于观测站数据的日交通状态判断方法。

根据普通国省道的设计速度,确定不同公路等级下的设计通行能力,具体分为一级公路设计通行能力、二级公路设计通行能力、三级公路设计通行能力、四级公路设计通行能力,见表4-17。

一级公路的通行能力　　　　　　　　表4-17

公路等级	设计速度(km/h)	设计通行能力[pcu/(h·ln)]
一级公路	100	1600
	80	1400
	60	1200
二级公路	80	1000
	60	900
	40	800
三级公路	40	700
	30	500
四级公路	20	400

一条普通国省道总通行能力的计算公式如下:

$$C = N \times n \quad (4\text{-}45)$$

式中:C——总通行能力(pcu/h);

N——设计通行能力[pcu/(h·ln)];

n——双向总车道数。

根据观测站数据中月变系数和周变系数,建立普通国省道日交通量的估计模型,具体计算如下:

$$V = \mathrm{AADT}/(M \cdot D) \quad (4\text{-}46)$$

式中:V——某天的交通量(pcu/h);

AADT——年平均日交通量(pcu/h);

M——观测日对应的月变系数;

D——观测日对应的周变系数。

普通国省道日交通饱和度的计算公式如下:

$$S_{\mathrm{hd}} = V/C \quad (4\text{-}47)$$

基于S_{hd},可根据表4-16分析得到该日的交通状况。

(2)基于观测站数据的高峰小时交通状态判断方法。

基于式(4-48)得到的某日交通量V,计算该日对应高峰小时交通量,具体计算如下:

$$V_{高峰} = V \times a \quad (4\text{-}48)$$

式中:a——高峰小时流量比,即高峰小时流量在该日总流量中所占的比例;

V——某天的交通量(pcu/h)。

普通国省道高峰小时交通饱和度的计算公式如下：
$$S_{hp} = V_{高峰}/C/24 \quad (4\text{-}49)$$

基于 S_{hp}，可根据表 4-16 分析得出某日高峰小时的交通状态。

(3) 实例分析。

以 2019 年 G104 北京—平潭段的张夏观测站数据为例，分别对一天的交通状态和高峰小时交通状态进行判别。

根据 G104 北京—平潭段的道路等级和车道数，首先根据式(4-47)计算总通行能力；其次根据式(4-48)和式(4-50)，分别计算得到该日的日交通量和高峰小时的交通量；然后分别根据式(4-49)和式(4-51)得到 S_{hd} 和 S_{hp}，即该日的日饱和度和高峰小时饱和度，对照表 4-16 即可得到该日的日交通状态和高峰小时交通状态。

通过计算得到张夏观测站连续一周(2019 年 1 月 1—7 日)的日饱和度和高峰小时饱和度，具体如图 4-23 所示。

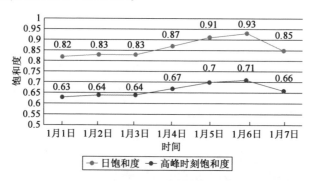

图 4-23　张夏观测站 2019 年 1 月 1—7 日的饱和度变化曲线

分析图 4-23 可知，张夏观测站连续一周的饱和度趋势相对较为平稳，其中 2019 年 1 月 5 日和 6 日的饱和度增长较大，且连续一周的日交通状态均处于同步流，对应的高峰小时交通状态均处于堵塞流，说明该路段在高峰小时易出现交通堵塞。

4.5　本章小结

本章首先从高速公路交通运行状态判别、交通流短时预测分析以及路网交通拥堵演化机理三个方面对全路网交通流状态动态演化机理研究进行文献综述,在此基础上分别建立了适用于高速公路与普通国省道的交通状态评价指标体系,并以交通波动理论和尖点突变理论为基础,分别剖析了路网交通拥堵演化机理;最后提出了基于ARIMA的高速公路短时交通流状态预测方法的预判模型和基于时间序列预测的普通国省道交通流状态预判模型,并对其进行了实例分析。

本章参考文献

[1] 姜桂艳.道路交通状态判别技术与应用[M].北京:人民交通出版社,2004.

[2] 王璐媛,于雷,孙建平,等.交通运行指数的研究与应用综述[J].交通信息与安全,2016,34(3):1-9.

[3] 北京市交通委员会.国外交通拥堵定义指标简介[EB/OL].[2012-12-28]. http://www.bjjtw.gov.cn/xxgk/dtxx/201212/t20121228_78201.html.

[4] 北京交通发展研究中心.城市道路交通运行评价指标体系:DB11/T 785—2011[S].北京:北京市质量技术监督局,2011.

[5] 深圳市交通运输委员会.道路交通指数解读[EB/OL].[2024-04-24]. https://tocc.jtys.sz.gov.cn:10001/#/.

[6] 张婧.城市道路交通拥堵判别、疏导与仿真[D].南京:东南大学,2016.

[7] COIFMAN B.Identifying the onset of congestion rapidly with existing traffic detectors[J].Transportation Research Part A Policy & Practice,2003,37(3):277-291.

[8] 王建玲,蒋阳升.交通拥挤状态的识别与分析[J].系统工程,2006(10):105-109.

[9] 高朝晖,张晓春,王遥,等.高速公路路段交通运行状态的模糊综合评价方法[J].中国矿业大学报,2014,43(2):339-344.

[10] 刘世铎,吴群琪.高速公路路段畅通状态综合评价[J].公路,2010(7):122-127.

[11] 杨环宇.非常态事件下高速公路路网交通运行状态评价方法研究[D].长春:吉林大学,2014.

[12] 郭义荣,董宝田,吴蕾.基于速度的交通状态识别及动态评价研究[J].公路交通科技,2012,29(S1):26-31.

[13] 郝媛,孙立军,徐天东,等.城市快速路交通拥挤分析及拥挤阈值的确定[J].同济大学学报(自然科学版),2008(5):609-614.

［14］ 王伟,杨兆升,李贻武,等.基于信息协同的子区交通状态加权计算与判别方法［J］.吉林大学学报(工学版),2007(3):524-527.

［15］ 王殿海,陈松,魏强,等.基于二流理论的路网宏观交通状态判断模型［J］.东南大学学报(自然科学版),2011,41(5):1098-1103.

［16］ 姜桂艳,江龙晖,王江锋.城市快速路交通拥挤识别方法［J］.交通运输工程学报,2006(3):87-91.

［17］ 沈强.基于高速公路收费数据的路网运行状态评价［J］.公路交通科技,2012,29(8):118-126.

［18］ 过秀成,王卫,王谷,等.高速公路交通运行状态分析方法及应用［M］.东南大学出版社,2012.

［19］ KODRATOFFY,MICHALSKI R S. Machine learning:an artificial intelligence approach［M］. Morgan Kaufman,2014.

［20］ ZHOU X, MAHMASSANI H S. A structural state space model for real-time traffic origin-destination demand estimation and prediction in a day-to-day learning framework［J］. Transportation Research Part B Methodological,2007,41(8):823-840.

［21］ 刁阳,隽志才,倪安宁.城市道路网络动态OD矩阵预测模型［J］.上海交通大学学报,2012,46(3):436-440.

［22］ HUANG S,SADEK A W,GUO L. Computational based approach to estimating travel demand in large-scale microscopic traffic simulation models［J］. Journal of Computing in Civil Engineering,2013,27(1):78-86.

［23］ TSENG C M,CHIOU YC,LAN L W. Estimation of freeway dynamic origin-destination matrices:A novel approach［J］. Journal of the Eastern Asia Society for Transportation Studies,2010,10(3):816-830.

［24］ 丁世飞,齐丙娟,谭红艳.支持向量机理论与算法研究综述［J］.电子科技大学学报,2011,40(1):2-10.

［25］ 杨兆升,王媛,管青.基于支持向量机方法的短时交通流量预测方法［J］.吉林大学学报(工学版),2006(6):881-884.

［26］ 谭满春,李英俊,徐建闽.基于小波消噪的ARIMA与SVM组合交通流预测［J］.公路交通科技,2009,26(7):127-132.

［27］ 张娟,孙剑.基于SVM的城市快速路行程时间预测研究［J］.交通运输系统工程与信息,2011,11(2):174-179.

［28］ JIANG X,ZHANG L,CHEN X. Short-term forecasting of high-speed rail demand:A hybrid approach combining ensemble empirical mode decomposition and gray support vector machine with real-world applications in China[J]. Transportation Research Part C Emerging Technologies,2014,44(4):110-127.

[29] 宫晓燕,汤淑明.基于非参数回归的短时交通流量预测与事件检测综合算法[J].中国公路学报,2003(1):83-87.

[30] 张涛,陈先,谢美萍,等.基于K近邻非参数回归的短时交通流预测方法[J].系统工程理论与实践,2010,30(2):376-384.

[31] BUSTILLOS B I,CHIU Y C. Real-time freeway-experienced travel time prediction using N-curve and k nearest neighbor methods[J]. Transportation Research Record Journal of the Transportation Research Board,2011,2243(1):127-137.

[32] MYUNG J,KIM D K,KHO S Y,et al. Travel time prediction using the K-nearest neighborhood method with combined VDS and ATC data[C]//90th Annual Meeting of Transportation Research Board,2011.

[33] 孙棣华,李超,廖孝勇.高速公路短时交通流量预测的改进非参数回归算法[J].公路交通科技,2013,30(11):112-118.

[34] GREENSHIELDS B D,CHANNING W,MILLER H. A study of traffic capacity[C]. Highway research board proceedings. National Research Council (USA),Highway Research Board,1935.

[35] UNDERWOOD R T. Speed,volume,and density relationships quality and theory of traffic flow [R]. Yale Bureau of Highway Traffic,1961:141-188.

[36] GREENBERG H. An analysis of traffic flow operations research[J]. Transportation Research,1959(7):78-85.

[37] SCHONHOF M,HELBING D. EMPIRICAL features of congested traffic states and their implications for traffic modeling[J]. Transportation Science,2007,41(2):135-166.

[38] KEMER B S. Three-phase traffic theory and highway capacity[J]. Physica A:Statistical Mechanics and its Applications,2004,333:379-440.

[39] LIGHTHILL M J,WHITHAM G B. On kinematic waves. II. A theory of traffic flow on long crowded roadsI[C]. Proceedings of the Royal Society of London A:Mathematical.

[40] 江龙晖.城市道路交通状态判别及拥挤扩散范围估计方法研究[D].长春:

吉林大学,2007.

［41］ MICHALOPOULOS P G,PISHAODY V B. Derivation of delays based on improved macroscopic traffic models［J］. Transportation Research,1981：299-317.

［42］ BERTHELIN F,DEGOND P,DELITALA M,et al. A model for the formation and evolution of traffic jams［J］. Archive for Rational Mechanics and Analysis,2008,187(2)：185-220.

［43］ LAVAL J A,LECLERCQ L. A mechanism to describe the formation and propagation of stop-and-go waves in congested freeway traffic［J］. Philosophical Transactions of the Royal Society of London A：Mathematical,Physical and Engineering Sciences,2010,368(1928)：4519-4541.

［44］ SAKAKIBARA T,HONDA Y,HORIGUCHI T. Effect of obstacles on formation of traffic iam in a two-dimensional traffic network［J］. Physica A：Statistical Mechanics and its Applications,2000,276(1)：316-337.

［45］ DEGOND P,DELITALA M. Modelling and simulation of vehicular traffic jam formation［J］. Kinetaic and Related Model,2008,1(2)：279-293.

［46］ WRIGHT C,ROBERG P. The conceptual structure of traffic jams［J］. Transport Policy,1998,5(1)：23-35.

［47］ DAGANZO C F,LAVAL J A. Moving bottlenecks：A numerical method that converses inflows［J］. Transportation Research Part B：Methodological,2005,39(9)：855-863.

［48］ DAGANZO C F,SHEFFI Y. On stochastic models of traffic assignment［J］. Transportation Science,1977,11(3)：253-274.

［49］ NI D,LEONARD J D. A simplified kinematic wave model at amerge bottleneck［J］. Applied Mathematical Modelling,2005,29(11)：1054-1072.

［50］ NEWELL G F. Mathematical models for freely-flowing highway traffic［J］. Journal of the Operations Research Society of America,1955,3(2)：176-186.

［51］ NEWELL G F. A simplified theory of kinematic waves in highway traffic,part I：General theory［J］. Transportaion Research Part B：Methodological,1993,27(4)：281-287.

［52］ NEWELL G F. A moving bottleneck［J］. Transportation Research Part B：Methodological,1998,32(8)：531-537.

［53］ 何树林. 运用供需平衡理论解析城市道路交通拥堵机理［J］. 中国人民公

安大学学报:自然科学版,2012,18(2):48-52.
[54] 梁颖,陈艳艳,任福田.不同交通供需分布下的路网畅通可靠度变化规律研究[J].公路交通科技,2007,24(8):103-109.
[55] 郑建风,高自友.复杂城市交通网络上的交通阻塞和流量分布特性[J].吉林大学学报:工学版,2009,39(2):31-34.
[56] 李庆定,董力耘,戴世强.公交车停靠诱发交通瓶颈的元胞自动机模拟[J].物理学报,2009(11):7584-7590.
[57] 吴正.高速交通中堵塞形成阶段的交通流模型[J].交通运输工程学报,2003,3(2):61-64.
[58] 张毅媚,晏克非.城市交通拥挤机理的经济解析[J].同济大学学报:自然科学版,2006,34(3):359-381.
[59] 李树桃,吴建军,高自友,等.基于复杂网络的交通拥堵与传播动力学分析[J].物理学报,2011,60(5):146-154.
[60] 高自友,龙建成,李新刚.城市交通拥堵传播规律与消散控制策略研究[J]上海理工大学学报,2012,33(6):701-708.
[61] 裴玉龙,郎益顺.基于动态交通分配的拥挤机理分析与对策研究[J].华中科技大学学报(城市科学版),2002,19(3):95-98.
[62] 姜桂艳,郑祖舵,白竹,等.交通拥挤漂移的形成机理与预防技术[J].交通运输工程学报,2007,7(4):93-97.
[63] 凌复华.突变理论及应用[M].上海:上海交通大学出版社,1987.
[64] KERNER,B S. Introduction to Modern Traffic Flow&apos[J]. Theory and Control. Springer,2009.
[65] KERNER B S. The Physics of Traffic[J]. New Scientist,2013,197(2638):48.
[66] 仁福田,刘小明,孙立山.交通工程学[M].3版.北京:人民交通出版社股份有限公司,2017.
[67] 中华人民共和国交通运输部.公路工程技术标准:JTG B01—2014[S].北京:人民交通出版社股份有限公司,2014.

第5章 高速公路出行行为分析方法及应用

高速公路用户出行行为研究是高速公路交通管理的重要理论基础，挖掘车辆出行的周期行为、时空演变规律，分析车辆出行的时空分布特征、出行行为及其演化规律，探索影响车辆出行行为和车辆路径选择分析的影响因素，获取交通状态及其未来交通运行态势信息，能够为准确的高速公路交通状态评估和有效的组织管理决策提供支撑，为高速公路交通状态管理优化、高速公路用户精准管理与运营服务优化提供理论支持。

出行行为分析需要以大规模的调查数据为基础，利用统计学方法对数据进行统计分析，掌握数据所呈现的外在规律，然后建立模型，分析行为发生的内在机理。本章首先简要介绍出行行为理论的发展历程及研究方法，分析对比其各自的优缺点，并从活动计划时空特性和结构特性两方面出发，提出高速公路交通出行分析的特征指标，为后续内容的展开做好理论铺垫。其次，介绍各种出行行为调查方法，并以货运交通出行和居民出行为研究背景，提出两套完整的调查方案。最后，基于效用理论和有限理性理论分别构建交通出行行为模型，对出行行为特性、行为选择机理及行为组合决策等方面进行深入分析与讨论，使读者对高速公路交通出行行为调查与出行特征分析的内容与方法有一个清楚的认识。

5.1 研究现状

国外城市的机动化进程比国内快，对于出行者的出行特性研究也比国内的研究开始得早。出行特性调查是出行特性研究的基础，美国作为出行调查开始比较早的国家，从1944年开始逐渐由路段流量调查转向综合交通出行调查。目前在广义的交通调查领域，应用最广泛的获取出行特征的调查方法是填写日出行调查问卷。而随着科技理论以及大数据技术发展，基于新技术手段的交通调

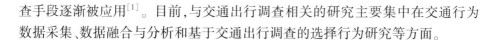

查手段逐渐被应用[1]。目前,与交通出行调查相关的研究主要集中在交通行为数据采集、数据融合与分析和基于交通出行调查的选择行为研究等方面。

5.1.1 交通行为数据采集

随着信息化的发展,一些借助信息手段和互联网技术的调查方法不断涌现。按照新技术应用类别,信息化调查可以分为定制类调查和普及类调查两类。

定制类调查设备是指专门用于调查目的的工具,如全球定位系统(Global Positioning System,GPS)设备。姚金明等[2]在导航路网和基础测绘道路数据融合工作分析的基础上,对在线路径分析数据进行细化和丰富。研究结果可丰富导航路径分析数据,应用于实际的行车导航与路径诱导中。张发东以在线货运交易平台的货车 GPS 数据为研究对象,通过轨迹分段、货运 OD 识别等对货运车辆的运输特征进行分析,然后利用相关货运平台交易数据分析货车的运营效率,结合研究结果进一步提出优化区域公路货运网络的方法[3]。郑海星等应用传统调查数据抽样、扩样、校验的数据处理方法,全面融合了集疏运通道交通量调查、高速公路收费数据、视频监控卡口数据、12t 以上大型货车 GPS 数据,得到公路货运需求总量以及大型货车出行特征和规律[4]。

普及类调查是指应用兼具有采集数据功能的设备和工具等进行交通数据采集,如智能手机等、电子不停车收费(Electronic Toll Collection,ETC)收费数据等。2007 年,手机信令数据开始被研究人员作为探索城市居民出行行为的主要数据源之一。Caceres 和 Wideberg 等提出基于全球移动通信系统(Global System for Mobile Communications,GSM)方法来获取交通数据(如路网中给定点的交通量)[5]。该研究采用 GSM 网络模拟器来产生模拟网络数据,验证 OD 矩阵获取方法的有效性,进而转换成 OD 矩阵。该方法使用网络模拟器收集数据,其样本量、数据真实性及研究精度有限。Sohn 和 Kim 提出了使用手机作为交通探测器来获取动态 OD 的新方法[6]。随着手机信令数据的普及,越来越多的学者开始尝试利用部分真实信令数据进行研究。在国内,冉斌教授最早将手机信令数据带入交通领域,并在城市居民出行 OD 识别方面进行实证研究[7]。随后,各学者在此基础上进一步深化,Huang 等以广东省高速公路收费数据为基础,分析了珠江三角洲经济区高速公路客流的时空特性[8]。Andersson 等应用手机信令数据,识别长距离出行下的出行方式,并分析出行方式选择行为差异[9]。李淑庆等利用手机信令数据研究区域通道客流出行次数、方向不均匀性、出行方式等特征[10]。毛晓汶通过手机用户停留时间提取出行 OD,以判断跨区出行,并以重庆主城为例,分析其1小时经济圈的区域出行OD特征与客流时间分布[11]。

5.1.2 多源数据融合与分析

随着多源数据融合的概念被提出,多种智能识别算法也被用于基于多源异构数据的出行特征挖掘。周涛等人结合交通行业数据、问卷数据和手机信令大数据等调查多种手段,获得不同类型的多源异构数据;根据数据特点,对多源数据进行剔除、整理、融合、归并和统一等处理,按需求形成机动车OD矩阵和出行特征,最后利用GIS、Python和Echart进行可视化展示,证明了多源数据融合技术应用到出行调查的适用性[12]。邓润飞基于多源数据融合调查方法,充分利用行业数据、手机数据和微信问卷进行OD调查,按照交通特征层融合制定了详细的融合扩样规则,采用多源数据融合技术,调查乘客过江出行行为,全面掌握过江出行的交通量、车型、客货比、OD和出行时耗、载客人数、出行目的、载货货重和货种类型等[13]。胡金星提供了一种基于多源数据融合的人口时空动态出行特征建模方法,通过将地图数据、手机定位数据、浮动车辆数据输入系统,并按照要求进行数据组织管理,建立了基于手机定位数据及浮动车辆数据的人口出行特征空间分析模型,应用人口出行特征空间分析模型对地图数据、手机定位数据、浮动车辆数据进行多源数据融合处理,获得人口出行特征综合信息[14]。陈深进结合"互联网+大数据"提出了基于多源数据校核融合的现状交通模型构建思路,并提出了交通出行特征的现状交通模型构建方法[15]。杨玉冬等人探索利用多源数据融合的方式,通过对高速公路收费数据、汽车渡轮票根数据、微信电子问卷数据和手机信令数据等多源数据的融合利用和挖掘分析,对过江通道的交通量从客运和货运两个维度进行来源地-目的地分析及出行特征分析[16]。

5.1.3 交通出行行为研究

车辆出行特征研究聚焦于挖掘车辆出行偏好、出行规律、出行的热点区域、时空特征以及演变规律等。国外基于出行轨迹数据分析移动对象的时空特征的研究于21世纪初开始。2005年,Laube等人通过给志愿者提供设备,采集海量轨迹数据,并利用数据挖掘方法,研究志愿者出行行为特征[17]。随后,Li等人基于志愿者的出行轨迹数据,结合语义模型,分析个体出行时空规律,从而给移动对象的时空特征分析提供了新思路[18]。VanAcker V等人构建结构方程模型对汽车的出行特征进行研究[19]。在基于高速公路联网收费数据出行特征的研究上,周晓悦结合抽样调研数据对高速公路个性化车辆的出行现状及出行影响因素进行了分析[20]。郭瑞军等人利用高速公路联网收费数据,搭建了数据管理平台,对高速公路交通流的时间分布规律进行了分析[21]。银龙基于高速公路联网收费数据对本省籍车辆流向问题进行了分析研究[22]。

McFadden、Ben Akiva、Lerman 等学者将非集计分析的理论进行实际应用后[23-24],此概念开始被引入交通领域的研究,其中以随机效用理论为基础的离散选择模型(Discrete Choice Model,DCM)应用最为广泛,主要包含 Probit 模型和 Logit 模型。马姝宇和邵春福针对节假日出行的特殊性,构建了 NL 模型,分析节假日绿色出行选择行为的影响因素,另外还构建了结构方程和非集计模型分析节假日交通信息对出行选择行为的影响机理[25-26]。李鹏程构建了多项 Logit 模型,综合考虑了出行者个人、家庭及出行属性等多种因素对居民交通方式选择产生的影响[27]。李婧[28]对节假日出行选择行为的影响因素进行了分析,并构建了基于出行者个人的决策模型,运用效用最大化理论对节假日的出行行为进行了深入分析。雷磊[29]针对区域城市群范围内的城市对外出行需求模型系统,形成了以 MNL 模型为基础的一体化多层次 NL 模型体系结构,构建了干线交通方式和接续交通方式联合选择模型,提出了以情景规划方法来进行出行需求预测的决策分析。周嘉男等[30]从出行者的角度出发,根据出行者对路径的选择数据来对原有交通量分配,基于 Logit 模型研究出行者对诱导路径的选择结果。张慧琳基于动态离散选择思想,构建了考虑出行者短视行为以及节点费用的动态路径选择模型——短视 RL 模型,采用 MSA 算法进行模型求解[31]。赵文静采用行为调查和意向调查联合调查,从驾驶员个人属性、出行特征、可变信息标志(Varlable Message Signal,VMS)信息发布形式和内容 4 个方面选取 8 个自变量构建驾驶员对 VMS 信息关注度的有序 Logit 模型和部分优势比模型,分析显著影响驾驶员对 VMS 信息关注度的因素[32]。王彪考虑了出行者的主观不确定性,对无交通信息和提供交通信息下的出行者出行选择行为的关键性影响因素进行了重点研究,建立了出行者出发时间选择多项 Logit 模型和出行者出发时间选择和出行路径选择 Nested Logit 模型,对出行者的出行选择行为进行了建模分析[33]。

随着研究不断深化,研究人员认识到出行者的心理作用对出行选择行为的影响。因此,有限理论逐渐被应用到交通出行行为分析中。有限理性是基于人的生理、心理能力而提出的一种符合"真实人"的假设,而不是为了研究而完全脱离"真实人"的实际情况。"有限理性"是指人面临复杂不确定的环境时,由于认知能力、感知能力、心理因素、思维能力、风险态度、逻辑推理和计算能力以及信息获取处理能力等有限[34],不能完全感知所有备选方案,而在能够感知与判断的范围中选择最优[35],即决策时选择的可能不是最佳方案而是满意方案,"有限理性"是一种介于完全理性和非理性之间的状态[36]。Simon 于 1947 年首次提出了有限理性理论,并对人们的决策行为做了实证研究后得出经济学范畴中完全理性的"经济人"假设过于理想化的结论,他认为人介于完全理性与非理性之间的"有限理性"状态。行为决策中应当考虑人的心理和生理的影响。出行者是交通出行的主体,其选择决策决定了城市交通流的形态,出行方式选择决定了交通系统中不同交通模式的结构状态,出行时间和路径选择决定了在一定时间段、不同路段上的交通量的分布[37]。在有限理性出行者的出行行为方面,国内外学者都有一定的研究成果,Daganzo[38]最早将有限理性引入对出行行为的研究,并提出了随机用户均衡的基本概念。Katsikopoulos 等[39]利用累积前景理论对出行者的路径选择行为进行了叙型偏好实验调查,并发现出行者在路径选择过程中,将备选路径的出行时间的平均值与参照点作比较,高于参考点表现为风险喜好,低于参考点表现为风险规避。Avineri 和 Prashker[40]分析和比较了利用累积前景理论与期望效用理论在出行者的路径选择中的区别。DeMoraes Ramos 等探讨了在设定参考点时考虑不均衡性,得出了在将不均衡性考虑在内的参照点条件下,出行者路径选择模型更符合实际情况的结论[41]。

5.2 交通出行行为调查

广义上讲,高速公路出行分为货运出行和居民出行两类。本节首先对交通出行行为调查方法及其优缺点进行详细介绍,然后分别以货运出行和居民出行行为研究背景,提出面向高速公路的交通出行调查方案,以方便读者对高速公路交通出行行为调查的内容及实施过程有一个清晰的认识。

5.2.1 交通出行调查方法

5.2.1.1 传统调查方法

(1) 入户调查(RP 调查)法。

RP(Revealed Preference)调查法是传统的交通出行调查方法,也称出行行为调查,一般是对实际行动或已完成的选择性行为进行的调查,被访问者根据自己的实际选择来回答问题。最初对于 RP 调查的方式,国内城市主要依靠调查员入户,辅助被访者填写问卷;国外城市则兼顾采取邮件和电话方式来获得日常出行信息。

①优点。

入户调查的调查内容指标较为全面,可以获取被调查人员及其家庭成员的基本信息和全部出行信息。

②缺点。

经过多年的调查经验积累,入户调查虽然有不可取代的优势,但也存在以下缺点:

a. 基于出行日记的调查过程复杂,耗费大量人力、时间和费用,实施存在难度;

b. 通过回忆进行调查可能存在漏报和错报现象,数据完整性有待提高;

c. 依靠手工填写,调查所获取的时间信息及位置信息不够精确,数据精度有待提高;

d. 调查中没有出行路径信息,在下一步的数据分析模块中需要设计算法估计路径选择。

随着移动互联技术和信息处理技术的不断发展,覆盖范围广、调查效率高的电子问卷技术被广泛使用。

(2)出行意愿调查(SP调查)法。

SP(Stated Preference)调查是指为了获得"人们对假定条件下的多个方案所表现出来的主观偏好"进行的实际调查。为了考查出行者对将要实施的某些管理措施的意向,该方法为方案的选择和优化提供预测数据,已成为研究交通出行行为的重要工具之一。出行意愿调查综合了交通工程、心理学、统计学等学科内容,让被访者在心理不设防的情况下真实地填写其选择意愿,以获取相关措施、政策对交通出行的影响。

①优点。

a. 可分析目前尚未存在的交通服务或政策措施,能得到无法直接观测结果的变量值;

b. 可操作性较高,构成选择方案的特性值可以由实验者自由设定,可以人为扩大特性值的范围、降低特性值之间的相关性;

c. 可以用来研究数据误差的影响,特性值是由实验者给出的,可以根据需要人为地加入可以控制的误差,分析带有误差的信息对于被实验者行为的反应。

②缺点。

出行意愿调查的主要缺点是可靠性低,具体体现在:

a. 通常为了获取对某一政策的反应,需考虑多种因素根据抽样原则,设计较为复杂的调查表,导致调查工作的难度大,以及被调查者无法回答或出现拒绝合作的现象;

b. 被调查者回答时的决策过程和实际行动时的决策过程可能存在不同,可能发生 SP 数据与实际选择行为之间偏离的现象。

经研究发现,由于 RP 调查和 SP 调查各自存在不同的缺点,将 RP 调查和 SP 调查方法结合起来采集数据,具有较好的效果。从解决问题的角度来看,RP 调查方法主要用于实际出行行为数据调查,反映与诊断现状交通问题,而 SP 方法可以用在虚拟条件下出行行为数据的获取,完成对未来交通问题的预测;从数据特点来看,RP 数据具有可靠性,而 SP 数据具有更好的可操作性;而对于模型标定来说,RP 数据和 SP 数据能够起到相互补充的作用。

由于驾驶员路线选择过程是一个经验积累的过程,驾驶员会根据交通信息系统提供的交通状况信息和以往的经验调整自己的出行路线。因此,为更好了解交通信息对驾驶员选择路线影响程度,并进一步判断哪些因素会对驾驶员路径选择产生重大的影响,哪些因素对路径选择不重要,以及同一个因素的不同状态会对路径选择行为产生怎样不同的结果等,可设置调查问卷。

问卷调查通过采用特定的观察手段,对被调查者的属性特征进行分析,因此要保证调查数据准确可靠,应该在设计调查问卷时化繁为简,这样有助于量化处理各种繁杂的信息,得出具有可信度和有效性的结论。

据此,问卷调查主要内容涵盖四个方面包括个人信息、对信息发布态度、改变路径倾向、对信息发布方式的建议等。

①个人信息。主要从驾龄、性别、学历水平、路网熟悉程度、收听交通广播的习惯、出行前是否会通过各种方法了解交通信息、无信息时是否按照固定路线行驶七个方面进行调查。

②对信息发布态度。主要从出行时是否实时注意 VMS 的变化、高速行驶时是否关注信息发布、选择何种信息发布方式及选择原因、路径选择依据、最能影响选择的交通信息是什么等五个方面进行调查。

③改变路径倾向。主要从前方显示拥堵、对延误的忍耐程度、选择替换路径时考虑因素、高峰路段路径选择习惯、接收到信息后决策反应速度、熟悉路网时是否接受诱导、不熟悉路网时是否接受诱导等七个方面进行调查。

④对信息发布方式的建议。主要从更倾向于哪种信息发布方式、期望信息内容、发布信息准确度等三个方面进行调查。

5.2.1.2 定制类信息化调查方法

(1) 专用定位调查。

专用定位调查主要是指通过 GPS 或者北斗卫星导航系统等定位系统进行定位调查。定位调查具备较强的定位计时功能,通过给被调查者或者车辆配备一台专用定位设备,可以获得被调查者或车辆的全天出行记录。定位调查采用定位系统自动记录位置信息和时间信息,替代了传统调查方法中人为记录出行记录的方法。

① 优点。

a. 弥补出行日记调查缺陷。首先,出行日记无法记录出行距离,而定位检测可以弥补这一缺陷,出行问题分析更深刻。其次,出行日记有丢失的记录,定位系统可以检测这些漏报的出行,数据更准确。

b. 可操作性强。定位系统检测不需要被调查者做太多额外的工作,并且设备操作简单易学,体积小,易携带。

c. 数据分析技术路线成熟。随着定位系统的普及应用,相应的数据挖掘技术逐步成熟,形成了基于定位系统数据的时间空间移动特征挖掘分析流程和方法。

② 缺点。

a. 需要安装或者携带专用设备,调查样本量受到一定程度的限制。

b. 设备本身技术性能还有待升级。例如,设备冷启动可能引起的数据缺失;设备在建筑物内或者地铁上等场所接收不到卫星信号;当设备位置变化处于静止状态时,设备数据信号存在断点。这些技术问题影响调查数据质量,须进一步完善提高。

(2) 手持电子终端设备。

近年来,电子产品的飞速发展,国内的手持电子终端设备发展迅猛,功能不断提升、价格持续走低、普及率越来越高,已经有城市在进行居民出行调查时使用手持电子终端设备。

① 优点。

手持电子终端设备(PAD)具有对调查问卷进行电子化录入、拍照自动纠错、调查地点 GPS 定位和可视化、录入数据实时回传等功能,这些均比传统问卷调查具有明显优势。手持电子终端技术手段没有改变传统入户调查的内容,其优点在于:

a. 采用电子问卷,录入速度快,大大缩短了问卷回收录入周期。

b. 录入数据实时回传,可利用程序自动进行数据分析,快速得到相关调查指标。

c. 地址匹配精度高,可以实现路径自动匹配选择。

d. 可实现自动校核程序,可实现数据录入实时纠错,提高了调查数据的质量。

e. 记录调查员工作轨迹,有助于开展调查监督。

②缺点。

a. 设备购置成本较高,大量购置提高了调查成本;如果购置数量较少则影响调查样本量。

b. 设备本身技术性能还有待升级,如设备耐用性、破损率等需进一步完善提高。

c. 调查数据无线回传,通信技术还需要进一步优化,还需要降低通信费用和提高数据回传质量。

(3) 手机 App。

基于智能手机 App 的应用,开发调查专用 App,手机持有者按照调查要求填写相关出行信息。

①优点。

手机 App 是基于位置服务的手机程序应用,在很大程度上弥补了问卷调查无轨迹信息导致的漏报和 GPS 调查无法获取与轨迹相关的属性信息的缺点。将传统的问卷调查和 GPS 调查进行融合,在可视化地图情况下,记录位置信息、路径信息,同时辅助填写每次的出行目的、交通方式、费用、陪同人员、时耗、停留时间等信息,从而形成一套完整的交通出行链。

手机 App 的优点在于:

a. 不需要单独购置调查设备,有助于降低调查投入费用。

b. 可以得到出行者准确的位置信息。

c. 记录出行者轨迹,路径全程可视、可记录。

d. 电子化数据格式,实时回传数据,缩短了调查时间。

e. 为以后基于位置的交通信息服务提供了应用平台。

②缺点。

该项调查方法也存在一些不足,比如调查人群的代表性。参与手机 App 调查的样本首先必须持有智能手机,其次愿意参与调查活动,可能会以年轻人、高素质人群为主。但是随着技术的进步、设备的普及和社会对公益调查的认可,样本的偏差会得到缓解。

5.2.1.3 普及类信息化调查方法

在高速公路出行调查中，普及类信息化调查方法主要是指基于手机信令数据的调查方法和基于 ETC 收费数据的调查方法。

(1) 普及类信息化调查方法的优点。

①数据样本量大、时间长效性强，在时间、空间分布分析方面具有明显优势。特别是手机已经成为居民生活必需品之一，普及率高，可以长期积累出行者的移动终端数据，进一步研究分区域、分时段各类出行者不同交通模式的出行行为特征和规律，主要包括出行强度、时间分布、空间分布等。

②不需要开发新的设备，有助于降低调查成本。依托现有通信网络，不需要大量投资建设前端采集设备，系统布设非常方便，可实现性强。

③不需要被调查者采取任何操作，有效降低了被调查者参与调查的复杂程度，减少了传统问卷填写所需花费的时间。

(2) 普及类信息化调查方法的缺点。

①由于是被动调查，数据涉及手机使用者的隐私问题，手机运营商对数据的使用较为慎重，数据获取方面存在障碍。

②手机定位数据时空分布技术还有必要进一步提升，如通过长期监测数据，分析人口迁徙现状与趋势预测、出行聚集与消散机理研究等方法和技术。

③基于定位数据对出行目的、交通方式的进一步挖掘还需要技术方法的支持。

④样本量覆盖可能存在偏差，不能覆盖没有智能手机的人群，调查人群的代表性有限。

5.2.2 货运出行行为调查

5.2.2.1 调查背景与目的

通过货运出行行为分析，分析个体货运用户出行行为特性，掌握用户出行行为及其演化规律，从而可精准分析客户选择行为，为高速公路交通管控及用户精细化管理提供理论支持。本节通过设计实施 RP 与 SP 调查，获取货运交通出行的实际活动计划和意向活动计划数据。

5.2.2.2 调查问卷设计

调查问卷设计的一般原则：

(1)一般性。即问题的设置是否具有普遍意义。应调查期望得到的统计指标的类型设计问题,并应注意同一问题选项之间的同类性。

(2)逻辑性。问卷的设计要有整体感,这种整体感即问题与问题之间要具有逻辑性,独立的问题本身也不能出现逻辑上的谬误,从而使问卷成为一个相对完善的小系统。在本问卷中,根据问题的不同性质将其归为五类,使被访者能在填写问卷时感到问题集中、提问的章法得当。

(3)明确性。明确性即为问题设置的规范性。这一原则具体是指:命题是否准确,提问是否清晰明确、便于回答,被访问者是否能够对问题作出明确的回答等避免发生选择上的困难和有效信息的流失。

(4)非诱导性。非诱导性是指问题要设置在中性位置、不参与提示或主观臆断,完全将被访问者的独立性与客观性摆在问卷操作的限制条件的位置上。

(5)便于整理、分析。首先,要求调查指标是能够累加和便于累加的;其次,指标的累计与相对数的计算是有意义的;再次,能够通过数据清楚明了地说明所要调查的问题。

5.2.2.3 调查方案设计与实施

本调查的受访者满足以下条件:

(1)道路运输企业或个体货运驾驶员。

(2)从事跨区域货物运输。

基于 RP 调查和 SP 调查两个模块,采用基于移动终端的电子问卷和基于走访调研的纸质问卷实施货运交通出行行为调查。

调查分以下三部分进行。

(1)实际出行活动计划调查:包含货运交通出行者本次出行的出行目的、对环境的熟悉程度、出行距离及行程时间等信息,进而统计出行活动计划的特性指标。

(2)综合交通信息需求调查:基于前面得到的实际出行活动计划,在每次出行前和出行中收集被访者信息,进而统计特性指标。

(3)意向出行活动计划:采用均匀设计的方法将被选信息项组合成不同的 SP 调查场景,并获取被访者在这些假想场景下的出行路径选择情况,得到被访者的"意向出行活动计划",包括各次出行选择的目的地、路径等。"意向出行活动计划"模块调查流程如图 5-1 所示。

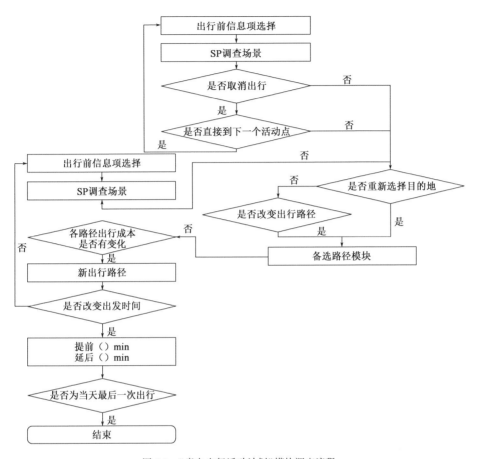

图 5-1 "意向出行活动计划"模块调查流程

5.2.3 居民出行行为调查

本调查采用 RP 与 SP 相结合的调查方法,借鉴出行行为调查方面的相关研究,提出多方式综合信息条件下居民出行行为的调查方案。然后利用网络调查和当场询问相结合的方法对问卷实施调查,并对具体实施的情况进行总结与分析。

5.2.3.1 调查背景与目的

为了研究出行者在信息条件下的出行行为,首先应通过对出行者实际日活动计划的调查来掌握其出行特征。同时,由于目前我国信息化智能交通系统建设尚处于起步阶段,信息种类不够全面,信息发布方式较为单一,所以调查需要在假设的情境中进行,因此,本问卷采用 RP 与 SP 相结合的方法进行调查,同时应用简单随机抽样的方法对调查对象进行抽样。

5.2.3.2　RP 与 SP 调查问卷设计

调查问卷主要包括以下几个方面的内容:
(1)出行者个人属性及家庭属性。
(2)出行者的信息需求及出行成本。
(3)出行者的实际日活动计划。
(4)在信息影响下出行行为的变化情况,进而推断出意向日活动计划。
调查问卷的指标结构见表 5-1。

调查问卷的指标结构　　　　　　　　表 5-1

内容	指标
个人及家庭属性	性别、年龄、职业、个人平均月收入、学历、个人拥有小汽车和自行车数量、家庭人口、家庭每月总收入、家庭拥有小汽车和自行车数量
信息需求	出行前信息需求数量、出行中信息需求数量、交通信息满意度、信息获取方式偏好
出行成本	出行费用、停车费用、体力费用
实际日活动计划	地点名称及性质、出发到达时间、出行目的、交通方式、出行距离、出行环境熟悉度
意向日活动计划	出行前信息需求、出发时间改变情况、交通方式改变情况、出行路径调整情况

5.2.3.3　调查方案设计

(1)调查地点。
调查地点定在居民小区以及高速公路服务区等。
(2)调查对象。
受访者满足以下条件:
①年龄在 18~75 岁之间;
②要求被调查者对自己的出行具有完全自主选择的权利,最好对周边区域有一定的了解。
(3)调查方法。
调查可以采取电子问卷法和现场询问法进行。
(4)样本量的确定。
采用简单随机抽样的方法开展 RP 与 SP 调查,为保证样本量满足指标的变异程度要求,确定样本量的计算公式如下:

$$n = \frac{Z^2 p(1-p)}{e^2} \tag{5-1}$$

式中：n——所需要的样本量；

Z——置信水平的 Z 统计量；

p——目标总体的比例期望值；

e——容许误差。

5.3 出行选择行为调查实例及影响因素统计分析

5.3.1 出行选择行为调查描述

本书设计的交通行为意愿调查问卷(见附录1～4)，主要进行全路网条件下的高速公路与普通国省道的路径选择行为意愿调查。首先，私人小汽车车主对于全路网条件下高速公路与普通国省道的服务水平的信任程度选择属于路网服务水平的使用意愿范畴，即受访者根据提供的路网服务水平属性如路网交通状态、收费水平、通行条件等，结合自身出行习惯或实际需求选择是否信任；其次，出行路径需求调查主要包括运输需求属性(货运、客运)、出行者的使用情况、被调查者的特征属性等；另外，问卷调查说明中阐述了本次调查的研究目的和数据用途等，帮助被调查对象能够正确认识调查意图，有助于缓解因为实施调查而产生的消极情绪。被调查者的个人社会经济属性包括年龄、性别、学历、年收入、驾龄和每周驾驶次数等，出行特性则包括车辆类型、出行目的、(货运)货物类型等，路网服务水平属性则包括通行费用、道路附属服务便利性等相关内容，作为出行者在出发前路径选择行为分析的基础。

本次调查地点为济青高速公路青岛方向济南东服务区、淄博服务区、潍坊西服务区，调查对象是经停上述服务区的货运车辆以及有驾驶经验的个人出行者。调查采用两种方式：第一种采用面对面提问，问卷现场回收，答题的准确度高；第二种采用网上问卷形式，隔一周统一回收。对回收的问卷进行整理和筛选，对存在漏填的问卷进行过滤，同时采用反义检测方法识别出错填的问卷。另外，为排除人群特征对出行行为的影响，本次调查在受访者的选择上面尽量做到随机抽取。此外，根据问卷调查数据，还可建立驾驶员路径选择行为调查数据库，方便数据管理和分析。

调查共发送问卷466份，基于问卷的处理与筛选，最终确认有效问卷为440份，被调查对象中70%为男性，30%为女性，基本符合现阶段私人小汽车车主在整体驾驶员人群中所占比例。

5.3.2 货运调查结果分析

5.3.2.1 调查结果初步分析

(1)货运车辆构成。

按载重分类标准,货运车辆主要分为重型、中型、轻型和微型载货汽车,根据货运车辆车厢长度分类,营运货运车辆主要划分为六类(表5-2)。调研数据显示,营运货运车辆主要以重型载货汽车为主,车厢长为13.5m的货运车辆占比约为50%,9.6m及以下长度车辆约占40%,17.5m的板车约占10%。

营运货运车辆分类及市场占比   表5-2

车型	厢/板长(m)	载重(t/m³)	驱动轴数(轴)	市场占比
厢式/板车	4.2	2~4/15	2	30%
厢式/板车	6.8	10/40	2	
厢式/板车	8.6	15/55	2轴	
厢式/板车	9.6	16/60	2轴	10%
		20/60	3轴	
		25/60	4	
厢式/板车	13.5	35/80	5	50%
		45/80	6	
板车	17.5	40/110	6	10%

(2)运输货物类型分布。

调研数据显示,运输货物中快递/零担物流所占比例约为22%,其次是建材、农产品及煤炭/矿石资源运输,分别约占14%、13%、12%。

(3)单车月均运费收入。

根据货运市场的收入情况调研结果,山东省营运货运车辆单车月平均运费收入在1万~2万元区间的比例整体较高,达到50%以上;单车月平均运费收入低于1万元的约占30%,单车月平均运费收入在2万~3万元区间的约占10%。

(4)货物运输距离。

此次调研对营运车辆按照运距,划分为长途、中短途(200~500km)、城际配送(200km以内)三种,而调研样本数据中长途运输占比基本超50%。

5.3.2.2 路径选择统计分析

(1)选择高速公路出行的群体特征分析。

调研数据显示,从货物种类方面看,快件货物(干线运输)、绿通货物、危险化学品、大宗货物、商品车、超限货物是全程使用高速公路运输的主要群体,具体原因见表 5-3。

高速公路出行群体特征　　　　表 5-3

货物类型	选择高速公路出行的原因分析
快件货物、大宗货物	运输时效性要求
危险化学品运输车、商品车	货物安全性
超限(超高、超长、超宽)货物	运输条件限制及安全性
绿通货物	免收通行费
其他	1. 两轴蓝牌车,通行费几乎无变化; 2. 驾驶人员对普通国省道路况不熟悉; 3. 通行路段修路、卡口交通信号灯多、堵车等; 4. 高速公路可减轻驾驶强度

综合分析,68%的车辆选择高速公路出行是因为货物有时效性约束,例如快递车辆。35%的车辆选择高速公路出行的原因为全程运输时间短,例如济南—浙江物流专线,高速公路与国省道相比,单次物流时间可以节约 10h。23%的车辆认为由于车辆的因素,只能选择高速公路出行,例如物流公司中 16m 的平板车辆,由于国省道转弯半径的限制,只能选择高速公路出行;绿通车辆由于可以享受免费政策,也选择高速公路出行。17%的车辆,由于产品及原材料运输的特殊需要,所属企业规定只能选择高速公路出行。例如山东莱钢物流发展有限公司在莱芜—日照港口间全程选择高速公路出行(图 5-2)。

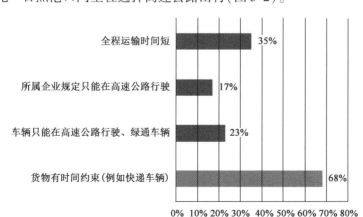

图 5-2　选择高速公路出行的主要影响因素统计(多选题统计)

(2)选择国省道出行的群体特征分析。

国省道通行车辆是高速公路引车上路的重点。本次调查对该部分出行群体进行了需求调查。80%的车辆认为成本高(包括通行费、维修费、餐饮费等)是其选择国省道的主要原因;45%的货车由于高速公路超载监管严格而选择国省道出行;25%的受访者认为,受社会整体货运量下降的影响,部分车辆需要沿途配货,提高运量和运费,国省道具备灵活配货的条件,高速公路不利于沿途装卸货。另外,影响因素还包括高速公路服务区停车泊位数量少(特别是夜间泊位)、国省道出行便利(对于短途运输)、运输时间宽松等(表5-4、图5-3)。

表5-4 国省道出行群体特征

具体原因	客户反应比例
需要缴纳过路费或感觉过路费偏高	80%
高速公路运输路线会出现绕行	10%
所运货物时效性要求不高,没必要选择高速公路增加成本	20%
高速公路收费站口超限监管较为严格,无法上高速,如卷钢、螺纹钢等件杂重货	45%
社会整体货运量下降,需要多个货源地配货,国省道有利于灵活配货	25%
高速公路服务区停车位紧缺,夜间停车难,且货物安全性不高	20%
高速公路服务区车辆维修费、拖车费偏高	10%

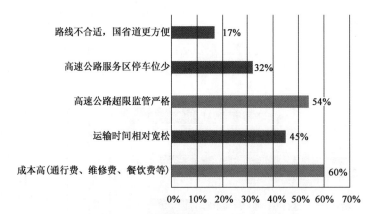

图5-3 选择国省道出行的主要影响因素统计(多选题统计)

5.3.3 货运车辆路径选择影响因素整体分析

5.3.3.1 时效要求

运输任务的时效要求是车辆路径选择的首要因素,高速公路的高效性具有不可替代的优势。快递运输车、大型连锁超市配送车等车辆,行程低于200km的出行,会根据运送货物的时效要求,决定路径选择。因此,在车货匹配中,应着重加强对时效性要求较高货物的货源整合,并提升对该类车辆的会员服务精细化水平。

5.3.3.2 车辆通行条件要求

不同车辆对道路通行条件的特殊要求,是决定其路径选择的又一必要条件。车辆运输车、机电设备运输车等大型重型货车车身较长,转弯半径大,又因所载货物外形尺寸、规格不一、价值较高,出行路径选择的首要影响因素为道路通行条件及行程中货物的安全性,选择高速公路的比例较高。从走访调研结果来看,提高高速公路服务区服务质量及性价比,提供家庭式会员服务,是进一步提高其出行积极性的有效手段。

5.3.3.3 货物类型

货运路径选择影响因素随所载货物不同而有所不同。在现场调研及问卷调研中,大型连锁超市配送车、车辆运输车、机电设备运输车、快递运输车、危险化学品运输车和普通货物运输车在路径选择上存在明显的不同特征,主要影响因素分析如下。

(1)大型连锁超市配送车。

超市配送车基本为两轴蓝牌车。该类车辆多为省(自治区、直辖市)内短途配送,最大配送半径不超过200km。路径选择时需在淡旺季不同时段内,综合考虑通行时效与通行费用等两个因素。

一般来说,在配送旺季时,由于货运需求较大,为提高运输效率,该类车辆通常选用高速公路出行。但淡季时,可根据运输需求再次规划运输路径,部分出行可能转化为国省道运输。

通过现场座谈和查询高速公路车辆通行费收费政策改变前后的收费标准表得知,高速公路车辆通行费收费政策改革对该类车辆几乎没有影响。

(2)车辆运输车。

通过现场座谈和问卷可知,该类车辆出行路径选择的首要影响因素为道路限高、限宽等通行条件及所载车辆的安全性。出行中的路径调整则主要考虑到对当前道路管控及行车安全等。基于上述因素考虑,通常该类车辆在对出行特征进行充分分析基础上,倾向于选择全程高速公路通行。

（3）机电设备运输车。

通过调研可知,机电设备运输车中,低平板半挂车占比较高,一般车长在 13.5m 以上。由于该类车辆车身较长、转弯半径较大,又因所载货物外形尺寸、规格不一,出行路径选择的首要影响因素为驾驶安全性。基于上述因素考虑,通常该类车辆在对出行特征进行充分分析基础上,倾向于选择全程高速公路通行,以避免普通国省道通行时可能面临的驾驶安全隐患。

（4）快递运输车。

通过对顺丰快递、韵达快递等公司走访调研可知,影响快递运输车出行路径规划的首要因素是时效性,其次是运输成本。以顺丰为代表的快递运输,省际干线运输（集散地—集散地）或通行行程超过 200km 的长途运输,均选择全程高速公路通行;集散地之间的干线运输全部采用高速公路通行;集散地到网点的运输,行程低于 200km,时效相当的情况下,为节约成本,采用高速公路/国省道路或全部国省道路运输,这两种运输方式共约占 60%。

（5）危险化学品运输车。

为控制交通安全风险隐患,全力预防危险化学品运输车道路交通事故,交通主管部门及公安机关对危险化学品运输车实行较为严格的限行规定。京博物流股份有限公司的调研数据显示,其运输车辆均为 15t 以上的重型车,单车日均通行里程为 280~300km,约 85% 的出行均采用国省道,出行范围基本为省（自治区、直辖市）内;其余 15% 的运输采用国省道与高速公路相结合的方式,单次运输距离约 450km,出行范围至省（自治区、直辖市）外（该出行链中,高速通行比例约 25%）。

危险化学品运输车出行路径选择时首先考虑道路限行规定,在通行不受限制区域,出行路径选择时优先考虑运输成本,其次考虑运输时效性等因素。

（6）普通货物运输车。

对于不受通行限制的普通货物运输车,一般来说,其出行路径选择主要受运输成本、运输时效性及载荷等因素影响。基于调研可知,为降低运输成本,一般该类货物运输车优先选择普通国省道通行。出行中的路径调整则主要涉及对当时路网通行能力及拥堵状况的把握程度、对道路限行及管控情况未来变化的判断等。

5.3.3.4 成本核算

除部分制约性因素之外,运输成本是决定路径选择的重要因素。按照当前的高速收费标准,普遍选择国省道,降低通行成本。多数受访者表示,若通过合理的车货匹配,在货运量有力保障的前提下,高速公路通行效率高、驾驶安全性及舒适性高等特点对其具有较大的吸引力。

5.3.4 客运车辆路径选择影响因素整体分析

梳理小客车出行群体的 RP 和 SP 问卷调查结果：

(1) 在出行目的方面：当出行目的为公务出行(出差、通勤)时，小客车驾驶员选择出行时效性较高的高速公路出行比例较大，这说明公务出行时，小客车驾驶员更加注重时间因素；当以出行目的为休闲、旅游时，小客车驾驶员选择性价比较高的普通国省道出行的比例有所提高，这说明休闲出行时，小客车驾驶员更加注重费用因素。但总体而言，任何出行目的下，小客车驾驶员选择高速公路的比例都高于普通国省道路的比例。

(2) 在出行距离方面，长途出行时，小客车驾驶员绝大多数选择了高速出行，这说明，在长途行车时，高速公路的时效、安全性等因素对小客车驾驶员路径选择的影响比较大。

为进一步探究高速公路和普通国省道路的出行优势，再对选择高速公路和普通国省道路的小客车驾驶员的路径选择因素数据进一步提取分析。

"时效性较高""通行环境好""驾驶安全"是受小客车驾驶员高速公路用户较为关注的因素；同样，"高速公路需缴纳通行费,通行成本高""国省道更加方便联系沿线节点,而高速公路过于封闭""行程较短,进出高速公路不便"(针对绕城高速公路)是小客车驾驶员选择国省道而不选择高速公路通行的主要原因。

5.4 基于效用理论的出行行为模型构建

5.4.1 效用的尺度

设个体 n 处于选择环境 s 中对选项 j 的效用为 U_{nsj}。将该效用分为两部分：可观测部分 V_{nsj} 和不可观测部分 M_{nsj}，计算公式如下：

$$U_{nsj} = V_{nsj} + \varepsilon_{nsj} \tag{5-2}$$

效用的可观测部分可以假设为关于影响因素 x 和权重 β 构成的线性组合，计算公式为：

$$U_{nsj} = \lambda_n \sum_{k=1}^{K} \beta_{nk} x_{nsjk} + \varepsilon_{nsj} \tag{5-3}$$

其中，β_{nk} 为第 n 个个体第 k 个特征因素的权重或边际效用。如同给所有选项的效用加上一个常数不会改变决策者的选择一样，给所有选项效用的可观测项乘以一个尺度常数 λ，最终的选择概率不会发生变化，这称为效用的尺度大小具有无关性。和常数项一样，也通常对效用的尺度进行归一化处理。对效用量级归一化处理其实就是对不可观测项的方差进行标准化处理。当效用不可观测项除以 λ 时，不可观测项方差的变化是 $\frac{1}{\lambda^2}$ 倍，因为 $\mathrm{Var}\left(\frac{\varepsilon_{nsj}}{\lambda}\right) = \frac{\mathrm{Var}(\varepsilon_{nsj})}{\lambda^2}$。

由于独立同分布的不可观测项具有相同的方差，所以只要对其中一个不可观测项的方差进行归一化处理，就相当于对效用函数中所有不可观测项进行方差的处理，通常可以将不可观测项方差归一化为一个便于处理的数字，如 1。当效用的可观测部分为线性函数时，对效用量级的归一化处理能够有助于我们更好地解释模型参数。例如，上述公式中，若不可观测项 ε_{nsj} 的标准差为 σ^n，则方差为其二次方。由于效用的尺度大小具有无关性，所以在效用函数的左右两边，都除以标准差 σ^n，得到：

$$U_{nsj}^* = \frac{U_{nsj}}{\lambda} = \sum_{k=1}^{K} \beta_{nk} x_{nsjk} + \frac{\varepsilon_{nsj}}{\lambda} \tag{5-4}$$

此时，λ 就为 σ^n。效用的不可观测部分变为 $\frac{\varepsilon_{nsj}}{\lambda}$。虽然将不可观测项方差归一化为多少都可以，但对模型进行解释时，一定要把对尺度的归一化因素考虑进去。如果对于同一个数据集，我们分别用 Logit 模型和 Probit 模型进行估计，通常将 Logit 模型误差项的方差归一化为 $\frac{\pi^2}{6}$，大约是 1.6，将 Probit 模型误差项方差归一化为 1。

5.4.2 Probit 模型

（1）二项 Probit 模型。

若有随机变量 X 服从均值为 μ、方差为 σ^2 的正态分布，可以写为 $X \sim N(\mu, \sigma^2)$。其概率密度函数为：

$$f(x) = \frac{1}{\sqrt{2\pi}\sigma} e^{\frac{-(x-u)^2}{2\sigma^2}} \tag{5-5}$$

随机变量 X 的累积分布函数是该随机变量取值不超过实数 x 的概率，即 $X \leqslant x$ 的概率，可以写为：

$$F(x) = \mathrm{Prob}(X \leqslant x) = \int_{-\infty}^{x} f(x)\,\mathrm{d}x \tag{5-6}$$

代入上述正态分布的概率密度函数，得到正态分布的累积分布函数：

$$F(x) = \text{Prob}(X \leqslant x) = \int_{-\infty}^{x} \frac{1}{\sqrt{2\pi}\sigma} e^{\frac{-(x-u)^2}{2\sigma^2}} dx \tag{5-7}$$

对于标准正态分布,即均值 μ 为 0,方差 σ^2 为 1,此时累积分布函数习惯标记为 Φ,公式如下:

$$\Phi(x) = \text{Prob}(X \leqslant x) = \int_{-\infty}^{x} \frac{1}{\sqrt{2\pi}} e^{\frac{-x^2}{2}} dx \tag{5-8}$$

可以假设选项 j 和 i 效用的随机项 ε_{nsj} 和 ε_{nsi} 服从正态分布,均值为 μ,标准差分别为 σ_j 和 σ_i,即:

$$\varepsilon_{nsj} \sim N(u,\sigma_j^2),\varepsilon_{nsi} \sim N(u,\sigma_i^2) \tag{5-9}$$

设随机变量 $\varepsilon_{ns} = \varepsilon_{nsi} - \varepsilon_{nsj}$,则根据随机变量的数字特征,$\varepsilon_{ns}$ 的均值为组成其随机变量均值之和,即:

$$E(\varepsilon_{ns}) = E(\varepsilon_{nsi} - \varepsilon_{nsj}) = E(\varepsilon_{nsi}) - E(\varepsilon_{nsj}) = u - u = 0 \tag{5-10}$$

ε_{ns} 的方差 σ^2 为:

$$\sigma^2 = \sigma_i^2 + \sigma_j^2 - 2\text{Cov}(\varepsilon_{nsi},\varepsilon_{nsj}) \tag{5-11}$$

所以,ε_{ns} 服从均值为 0、方差为 σ^2 的正态分布,即:

$$\varepsilon_{ns} \sim N(0,\sigma^2) \tag{5-12}$$

选择 j 选项的效用大于其他所有选项 i 效用的概率为:

$$\begin{aligned} P_{nsj} &= \text{Prob}(\varepsilon_{nsi} - \varepsilon_{nsj} < V_{nsj} - V_{nsi}, \forall i \neq j) \\ &= \text{Prob}(\varepsilon_{ns} < V_{nsj} - V_{nsi}) \\ &= \int_{-\infty}^{V_{nsj}-V_{nsi}} f(\varepsilon_{ns}) d\varepsilon_{ns} = \int_{-\infty}^{V_{nsj}-V_{nsi}} \frac{1}{\sqrt{2\pi}\sigma} e^{\frac{-\varepsilon_{ns}^2}{2\sigma^2}} d\varepsilon_{ns} \\ &= \int_{-\infty}^{\frac{V_{nsj}-V_{nsi}}{\sigma}} \frac{1}{\sqrt{2\pi}} e^{\frac{-x^2}{2}} dx \end{aligned} \tag{5-13}$$

显然等号右边成为标准正态分布的累积分布函数,可以用 Φ 来表示,则选择 j 选项的效用大于其他所有选项 i 效用的概率为:

$$P_{nsj} = \Phi\left(\frac{V_{nsj} - V_{nsi}}{\sigma}\right) \tag{5-14}$$

式(5-14)即为 Probit 模型的表达式。若各个选项相互独立,那么选择 j 选项的概率为 j 选项效用大于其他 $J-1$ 个选项效用概率的乘积,即多项 Probit 模型为:

$$P_{nsj} = \prod_{i \neq j} \Phi\left(\frac{V_{nsj} - V_{nsi}}{\sigma}\right) \tag{5-15}$$

（2）多项 Probit 模型。

效用随机项服从多元正态分布的离散选择模型称为 Probit 模型。设选择集中共有 J 个选项，每个选项 j 的效用随机项为 ε_{nsj}，所有选项的效用随机项构成一个向量 $\varepsilon_{ns} = \langle \varepsilon_{ns1}, \cdots, \varepsilon_{nsJ} \rangle$。设向量 ε_{ns} 服从均值为零向量、协方差矩阵为 Ω_ε 的多元正态分布：

$$\varepsilon_{nsj} \sim N[0, \Omega_\varepsilon] \tag{5-16}$$

其中，随机项向量 ε_{ns} 的概率密度为：

$$\phi(\varepsilon_{ns}) = \frac{1}{(2\pi)^{\frac{J}{2}} - |\Omega|^{\frac{1}{2}}} \exp\left(-\frac{1}{2} \varepsilon'_{ns} \Omega_\varepsilon^{-1} \varepsilon_{ns}\right) \tag{5-17}$$

其中，$|\Omega|$ 为协方差矩阵 Ω_s 的行列式。在对称的协方差矩阵 Ω_s 中，共有不同的元素 $\frac{J(J+1)}{2}$ 个，其中有方差项 J 个、协方差项 $\frac{J(J-1)}{2}$ 个。例如，对于一个 5 选项的选择集而言，如果其随机项向量服从多元正态分布，那么协方差矩阵中共有 15 个不同的元素，对角线上各个选项随机项的方差有 5 个，非对角线上不同随机项之间的协方差有 10 个。若 $\mathrm{Var}(\varepsilon_{nsi}) = \sigma_{ii}$，$\mathrm{Cov}(\varepsilon_{nsi}, \varepsilon_{nsj}) = \sigma_{ij}$，则此时的协方差可以写为：

$$\Omega_\varepsilon = \begin{bmatrix} \sigma_{11} & \sigma_{12} & \sigma_{13} & \sigma_{14} & \sigma_{15} \\ \sigma_{21} & \sigma_{22} & \sigma_{23} & \sigma_{24} & \sigma_{25} \\ \sigma_{31} & \sigma_{32} & \sigma_{33} & \sigma_{34} & \sigma_{35} \\ \sigma_{41} & \sigma_{42} & \sigma_{43} & \sigma_{44} & \sigma_{45} \\ \sigma_{51} & \sigma_{52} & \sigma_{53} & \sigma_{54} & \sigma_{55} \end{bmatrix} \tag{5-18}$$

由于效用差才有意义，所以在进行离散选择分析时，往往选定一个选项作为基准项，比较其他所有选项和基准项之间的效用差，如果选择集中有 J 个选项，这样就有 $J-1$ 个效用差以及随机项的差随机变量之差还是随机变量，所以实际上在分析中，主要关注这 $J-1$ 个代表随机项之差的随机变量。这也就意味着，我们并不需要 $J \times J$ 阶的协方差矩阵，而是要采用一些方法，将随机项 ε 的方差 σ 替换为随机项之差的方差 θ。对于选项 j 和 i，效用差为：

$$U_{nsj} - U_{nsi} = (V_{nsj} - V_{nsi}) + (\varepsilon_{nsj} - \varepsilon_{nsi}) \tag{5-19}$$

设 $\mathrm{Var}(\varepsilon_{nsj} - \varepsilon_{nsi}) = \theta_{jj}$，这时可以将关于 σ 的 $J \times J$ 阶协方差矩阵标准化为关于 θ 的协方差矩阵：

$$\Omega_\theta = \begin{bmatrix} \theta_{11} & \theta_{12} & \theta_{13} & \theta_{14} & 0 \\ \theta_{12} & \theta_{22} & \theta_{23} & \theta_{24} & 0 \\ \theta_{13} & \theta_{23} & \theta_{33} & \theta_{34} & 0 \\ \theta_{14} & \theta_{24} & \theta_{34} & \theta_{44} & 0 \\ 0 & 0 & 0 & 0 & 1 \end{bmatrix} \tag{5-20}$$

由于效用的尺度大小具有无关性,所以我们可以进一步将协方差矩阵进行尺度上的归一化,所有元素都除以 θ_{44}。令 $\lambda_{ii} = \dfrac{\theta_{ii}}{\theta_{44}}, \lambda_{ij} = \dfrac{\theta_{ij}}{\theta_{44}}$,此时的效用随机项向量 ε_{ns} 服从均值为零向量、协方差为 Ω_λ 的正态分布:

$$\varepsilon_{ns} \sim N\left(\begin{bmatrix} 0 \\ 0 \\ 0 \\ 0 \\ 0 \end{bmatrix}, \begin{bmatrix} \lambda_{11} & \lambda_{12} & \lambda_{13} & \lambda_{14} & 0 \\ \lambda_{12} & \lambda_{22} & \lambda_{23} & \lambda_{24} & 0 \\ \lambda_{13} & \lambda_{32} & \lambda_{33} & \lambda_{34} & 0 \\ \lambda_{14} & \lambda_{24} & \lambda_{34} & 1 & 0 \\ 0 & 0 & 0 & 0 & 1 \end{bmatrix}\right) \tag{5-21}$$

需要注意的是,这里关于协方差的标准化和尺度上的归一化过程,同样要作用于效用的可观测部分以及不可观测部分。

5.4.3 Logit 模型

非集计交通行为分析根据以下所示的备选方案的随机效益函数 $U(k)$ 决定选择行为:

$$U(k) = V(k) + e(k) \tag{5-22}$$

式中:$V(k)$——方案 k 的固定收益;

$e(k)$——随机项。

固定效益可由行驶时间、费用等的方案特性,以及年龄、职业等的个人属性表示。Logit 模型假设上式中效益函数的随机项 $e(k)$ 相互独立,且服从同一干贝尔(Gambel)分布。用概率变量 x 表示 $e(k)$,θ 作为参数,随机项的分布函数可表示如下:

$$F(x) = e^{-e^{-\theta \cdot x}} \quad \theta > 0, -\infty < x < +\infty \tag{5-23}$$

进而可推导出 Logit 模型公式为:

$$p(k) = \dfrac{e^{V(k)}}{\sum_j e^{V(j)}} \tag{5-24}$$

Logit 模型是离散选择模型中应用最为广泛的形式。

采用 Logit 模型时，两个方案间的选择概率关系可表示如下：

$$\frac{p(k)}{p(j)} = \frac{e^{V(k)}}{e^{V(j)}} \quad (5\text{-}25)$$

式(5-25)表明，两种方案间的相对优劣仅取决于这两种方案的特性，而与其他方案的特性无关。把该性质称为 Logit 模型的 IA 特性(Independence of Lrrelevant Alternative, IIA)，属于 Logit 模型的弱点之一。用交通方式选择的例子来说，意味着无论其他交通方式存在与否，选择小客车与选择公共汽车的相对优劣相等，而实际上并非如此。与小客车相比，轨道交通方式的存在对公共汽车的选择使用有很大影响。IA 的性明显不成立时，可采用嵌套 Logit 模型或者 Probit 模型[50]。

5.4.4　Probit 模型和 Logit 模型的比较

Probit 模型和 Logit 模型都可以通过效用最大化理论推导出，只是在设定效用随机项服从的分布时，前者假设为正态分布、后者假设为 Gumbel 分布。

可以通过一个简单的小算例阐述 Probit 模型和 Logit 模型的差异。

假设有两条选择径路，各径路的固定效益及其方差、协方差矩阵由下式给定：

$$\begin{bmatrix} U(1) \\ U(2) \end{bmatrix} \sim MVN \left(\begin{bmatrix} -12 \\ -10 \end{bmatrix}, \begin{bmatrix} 2 & 1 \\ 1 & 2 \end{bmatrix} \right) \quad (5\text{-}26)$$

采用 Probit 模型求解各径路的选择概率时可得：

$p(1) = 0.159$,

$p(2) = 0.841$。

使用 Logit 模型时，由式(5-25)可知选择概率为：

$p(1) = 0.119$,

$p(2) = 0.881$。

由此结果可知，Logit 模型与 Probit 模型相比，过大地估计选择概率大的径路(备选方案)，过小地推算选择概率小的径路。其原因在于模型中关于随机项的假设，即 Logit 模型假设径路的随机误差相互独立，而 Probit 模型假设随机误差具有相关关系。简单地说，表示概率分布值的分母中，协方差在 Logit 模型中为 0，而在 Probit 模型中为 2。但是，更确切地说，由于 Logit 模型与 Probit 模型的随机项的概率分布形式不同,其选择概率的差别不是仅由于协方差的有无而引起的。图 5-4 表示了距离相等时的 3 条径路的选择例,图中表示径路部分相重合时,Logit 模型与 Probit 模型结果的差异。如图 5-4 所示,图中径路的独立部分(不重合的部分)的比率 d 为 1 时,即 3 条径路完全不重合时,两模型中径路 1 的选择概率都为 0.33,其结果相同。但是,径路的独立部分的比率 d 为 0 时,Probit 模型将径路 2 和径路 3 视为同一径路,对象径路成为 2 条;其结果,径路 1 的选择概率为 0.5。与此相对,Logit 模型将完全重合的径路作为别的径路进行处理,故对象径路依然为 3 条,径路 1 的选择概率为 0.33。由上述可知,径路重合部分增大时,由于随机误差的相关性增大,Probit 模型与 Logit 模型的计算值产生很大差别。因此,径路重合部分多时,应该使用 Probit 模型,使用计算比较简单的嵌套 Logit 模型也能求得近似解[50]。

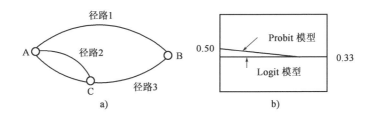

图 5-4　Logit 模型与 Probit 模型的比较示意图

5.5　基于有限理性理论的出行行为模型构建

5.5.1　有限理性模型构建

(1) 本模型中的"选择枝"是驾驶员在交通信息影响下选择改变路径和不改变路径。

(2) 关于效用首先作以下基本假定,这些假定是基于人们通常的心理选择行为,是 Logit 模型的基础:

① 个人在每次抉择中总会选择效用值最大的选择枝;

② 个人关于每个选择枝的效用值由个人自身的特性和选择枝的特性共同决定。
下面就在这两个基本假定的基础上用随机效用理论推导出 Logit 模型。

(3) 本模型中的效用(Utility,即某个选择枝具有的令人满意的程度)主要由驾驶员信息及提供的信息类型两大方面确定,但不能对影响效用的全部因素进

行量测,所以应该将其效用看作随机变量。令:

$$u_i = v_i + \varepsilon_i \tag{5-27}$$

式中:u_i——某人关于选择枝 i 的效用,在本书中指驾驶员在交通信息的影响下改变路径(不改变路径)的效用;

v_i——能够观测到的因素构成的效用确定项,如行驶时间、油耗、延误时间等;

ε_i——不能够观测到的因素构成的效用随机项,如安全性、舒适性、对延误、道路拥挤的忍受度等。

根据前面的基本假定,某出行者选择选择枝 1 的概率为:

$$\begin{aligned} P_1 &= P_1(u_1 > u_2) = P_1(v_1 + \varepsilon_1 > v_2 + \varepsilon_2) = P_r(\varepsilon_2 < v_1 - v_2 + \varepsilon_1) \\ &= \int_{-\infty}^{+\infty} P_r(\varepsilon_1 = y, \varepsilon_2 < v_1 - v_2 + y) \mathrm{d}y \\ &= \int_{-\infty}^{+\infty} \left[\int_{-\infty}^{v_1-v_2+y} f_{12}(y,z) \mathrm{d}z \right] \mathrm{d}y \end{aligned} \tag{5-28}$$

式中:f_{12}——ε_1 和 ε_2 的联合概率密度函数。

如果假定 ε_1 和 ε_2 相互独立且具有相同的概率分布,其密度函数分别为 $f(y)$、$f(z)$,则其联合分布密度函数:$f_{12}(y,z) = f(y)f(z)$。于是:

$$P_1 = \int_{-\infty}^{+\infty} f(y) \left[\int_{-\infty}^{v_1-v_2+y} f(z) \mathrm{d}z \right] \mathrm{d}y \tag{5-29}$$

进一步假定 ε_1 和 ε_2 都服从二重指数分布(又叫 Gumbel 分布、Weibull 分布或极值分布),其概率(累积)分布函数和概率密度函数分别为:

$$F(y) = \mathrm{e}^{-\mathrm{e}^{-by}}, f(y) = bF(y) \cdot \mathrm{e}^{-b} \tag{5-30}$$

其中,$b > 0$ 为参数,可以推得,它与 $\varepsilon = \varepsilon_1$ 的均值和方差具有关系:

$$E(\varepsilon) = r/b, D(\varepsilon) = \pi^2/6b \tag{5-31}$$

其中,γ 是 Euler 常数,约等于 0.5772。

把式(5-4)代入式(5-5),得:

$$P_1 = \int_{-\infty}^{+\infty} f(y) \left[\int_{-\infty}^{v_1-v_2+y} f(z) \mathrm{d}z \right] \mathrm{d}y = b \int_{-\infty}^{+\infty} \mathrm{e}^{-by} F(y) F(y+v_1-v_2) \mathrm{d}y \tag{5-32}$$

令

$$w = F(y)F(y+v_1-v_2)$$

则

$$w = \exp[-\exp(-b_y) \cdot (1 + \exp(bv_2 - bv_1))] \tag{5-33}$$

$$\frac{\mathrm{d}w}{\mathrm{d}y} = bw \cdot \exp(-b_y)[1 + \exp(bv_2 - bv_1)] \tag{5-34}$$

由于当 $y = \infty$ 时，$w = \exp(0) = 1$；当 $y = -\infty$ 时，$w = \exp(-\infty) = 0$。故有

$$P_1 = b\int_{-\infty}^{+\infty} w \cdot \exp(-b_y)\mathrm{d}y = \int_0^1 \frac{w \cdot \exp(-b_y)}{w \cdot \exp(-b_y)[1 + \exp(bv_2 - bv_1)]}\mathrm{d}w$$

$$= \frac{1}{1 + \exp(bv_2 - bv_1)} = \frac{\exp(bv_1)}{\exp(bv_1) + \exp(bv_2)} \tag{5-35}$$

此为二项 Logit 模型，简记为 BNL(Binary-Nomial Logit)。

(4) 效用函数由解释型变量来组成多元线性回归方程，从上一小节中的数据分析得到了一些主要影响因素，并将它们作为方程中的自变量。其中的一些自变量可以定量表示出来，如出行时间、油耗、延误时间等，而有些定性的变量可以定为取值为 0 和 1 的变量，如性别、是否留意 VMS、选择路径的依据等。

5.5.2 路径更换概率与个人属性关系模型

(1) 调查驾驶员个人社会经济属性以及更换路径意愿。调查数据见表 5-5。

调查数据　　　　　　　　　　　　　　　　　表 5-5

变量名	指标	取值	意义
x_1	男	0	性别
	女	1	
x_2	≤18	0	年龄
	18~30	1	
	30~50	2	
	≥50	3	
x_3	≤2000	0	月收入
	2000~3000	1	
	3000~5000	2	
	≥5000	3	
x_4	平静	0	性格
	急躁	1	
	不确定	2	
x_5	高中水平以下	0	学历
	高中水平以上	1	
x_6	<3 年	0	居住年限
	≥3 年	1	

续上表

变量名	指标	取值	意义
x_7	有弹性	0	工作时间
	无弹性	1	
x_8	经常听	0	收听广播
	不经常听	1	
x_9	是	0	是否留意VMS
	不是	1	
x_{10}	经验	0	路径依据
	交通	1	
	不确定	2	

(2) 建立驾驶员改变路径的概率与自变量之间的关系模型。

调查得到的数据是驾驶员的个人属性及驾驶员在交通信息影响下是否更换路径，所以要把是否更换路径转化为更换路径的概率。在此根据所调查的人群，将他们按照年龄、性格、性别等一些属性进行了分类，然后分别计算出相同属性人群更换路径的概率，最后得到各个属性人群更换路径的概率，进而得到每个人更换路径的概率。要建立的模型形式为：

$$\text{Logit} P = \ln\left(\frac{P}{1-P}\right) = \gamma_0 + \gamma_1 x_1 + \gamma_2 x_2 + \cdots + \gamma_n x_n \quad n=10 \quad (5\text{-}36)$$

式中：x_i——调查的有关驾驶员的社会经济属性；

　　　P——驾驶员更换路径的概率；

　　　γ_i——自变量的参数。

最后计算出 $\ln\left(\frac{P}{1-P}\right)$，得到每个驾驶员的相关数据，然后利用 Excel 中的多元线性回归分析得到模型的回归方程。

5.6 本章小结

本章基于广义的交通出行行为调查方法给出了高速公路交通出行行为的调查方法，对比了效用理论下的 Probit 模型和 Logit 模型的应用，构建了基于有限理论的出行行为模型，并得出了驾驶员更换路径的概率与其个人属性的关系模型。

本章参考文献

[1] 苏跃江,温惠英,韦清波,等.多源数据融合驱动的居民出行特征分析方法[J].交通运输系统工程与信息,2020,20(5):56-63.

[2] 姚金明.多源路径分析数据融合研究与应用[J].北京测绘,2018,32(8):961-964.

[3] 张发东.互联网货运平台背景下的货车运输特征分析和区域公路货运网络优化研究[D].成都:西南交通大学,2020.

[4] 郑海星,梅荣利,朱海明,等.基于数据融合的港口货运特征调查方法及实践[J].城市交通,2021,19(2):72-79.

[5] CACERES N,WIDEBERG J P,BENITEZ F G. Deriving Origin Destination Data from A MobilePhone Network[J]. let Intelligent Transport Systems,2007,1(1):15-26.

[6] SOHN K,KIM D. Dynamic Origin-Destination Flow Estimation Using Cellular CommunicationSystem[J]. EEE Transactions on Vehicular Technology,2008,57(5):2703-2713.

[7] 冉斌.手机数据在交通调查和交通规划中的应用[J].城市交通,2013,11(1):72-81.

[9] ANDERSSON A,ENGELSON,BORJESSONM,et al. Long-distance mode choice model estima-tion using mobile phone network data[J]. Journal ofChoice Modelling,2022,42:100337.

[10] 李淑庆,石路源.基于手机信令数据的区域通道出行特征研究,公路,2019,64(11):167-172.

[11] 毛晓汶.基于手机信令技术的区域交通出行特征研究[D].重庆:重庆交通大学,2014.

[12] 周涛,裴剑平,唐强.江苏省过江特征与交通量分析——基于多源数据融合技术[J].四川建材,2020,46(12):230-232.

[13] 邓润飞,周涛.基于多源数据融合的过江OD调查技术——以江苏省过江OD调查为例[J].中国公路,2019(1):118-120.

[14] 胡金星,陈会娟,曹文静.基于多源数据融合的人口时空动态出行特征建模方法:广东,CN101694706A[P].2010-04-14.

[15] 陈深进,薛洋,欧勇辉.基于无监督学习的实时公交动态调度的研究[J].

重庆邮电大学学报(自然科学版),2019,31(2):191-199.

[16] 杨玉冬,邓润飞,徐逸昊.江苏省过江交通出行OD调查与交通特征研究[J].公路,2019,64(10):194-199.

[17] LAUBE P, IMFELD S, WEIBEL R. Discovering relative motion patterns in groups of moving pointobjects[J]. International Journal ofGeographical Information Science,2005,19(6):639-668.

[18] LI X,CLARAMUNT C,RAY C,et al. A Semantic-based Approach to the Representation of Network-Constrained Trajectory Data[C]// 12th International Symposium on Spatial Data Handling(SDH 2006),2006.

[19] VERHEIN F,CHAWLA S. Mining spatial-temporal association rules,sources, sinks,stationaryregions and thoroughfares in object mobility databases[C]. Database Systems for AdvancedApplications. Springer Berlin Heidelberg,2006: 187-201.

[20] 周晓悦.高速公路个性化出行车辆现状与发展趋势研究[D].西安:长安大学,2008.

[21] 郭瑞军,于景,孙晓亮,等.基于电子收费数据的高速公路交通流特性分析[J].大连交通大学学报,2018,39(1):17-22

[22] 银龙.基于高速公路联网收费系统的车辆车籍地属性分析[J].无线互联科技,2016(22):126-128.

[23] BEN-AKIVA M E,LERMAN S R. Discrete Choice Analysis with mathematical programming methods[J]. Transportation Science,1984,19:463-466.

[24] MCFADDEN D. Conditional logit analysis of qualitative choice behavior[J]. [s.l.:s.n.],1973.

[25] 马姝宇,邵春福.基于NL模型的节假日绿色出行行为研究[J].山东科学, 2017,30(1):76-81

[26] 马姝宇.交通信息影响下节假日出行选择行为研究[D].北京:北京交通大学,2017.

[27] 李鹏程.基于MNL模型的居民出行方式选择行为分析[J].物流科技, 2019,42(5):95-97,113

[28] 李婧.节假日出行行为特征分析研究[D].北京:北京交通大学,2008.

[29] 雷磊.城市与区域一体化的出行需求分析理论与方法研究[D].成都:西南交通大学,2010.

[30] 周嘉男,何丹恒,罗霞.基于Logit模型的路径选择及交通流分配[J].大连

交通大学学报,2013,34(1):31-34.

[31] 张慧琳.基于动态离散选择的路段型交通分配模型[D].南京:东南大学,2018.

[32] 赵文静.基于驾驶行为的VMS交通诱导信息的优化研究[D].西安:长安大学,2017.

[33] 王彪.考虑主观不确定性的出行选择行为研究[D].大连:大连理工大学,2013.

[34] SIMON H A. A behavioral model of rational choice[J]. The Quarterly Journal of Economics,1955,69(1):99-118.

[35] 赵勇,王清,陈阳.基于有限感知的决策理性模型[J].系统工程理论与实践,2010,30(2):339-346.

[36] 徐红利.城市交通流系统分析与优化[J].南京:南京大学出版社,2013.

[37] 韩印,袁鹏程.多用户多方式混合随机交通平衡分配模型[J].交通运输工程学报,2008,8(1):97-101.

[38] DAGANZO C F. On the traffic assignment problem with flow dependent costs[J]. Transportation Research,1977,11(6):433-437.

[39] KATSIKOPOULOS K V, DUSE-ANTHONY Y, FISHER D, et al. The framing of drivers' route choiceswhen travel time information is provided under varying degrees of cognitive load. HumarFactors the Journal of the Human Factors and Ergonomics Society,2000,42(3):470-481.

[40] AVINERI E, PRASHKER J N. Sensitivity to travel time variability[J] Travelers' learning perspective Transportation Research Part C,2005,13(2):157-183.

[41] 邵春福,董春娇,赵孟,等.城市交通出行行为分析及多方式交通协同组织理论与方法[M].北京:中国工信出版集团,2018.

[42] 张凯,李文勇,廉冠.实时交通信息影响下的出行路径选择模型[J].交通节能与环保,2021,17(4):47-52.

[43] 龙雪琴,王瑞璇,王晗.考虑出行者不同理性程度的拥堵交通流分配方法[J].交通运输系统工程与信息,2023,23(1):216-223.

[44] 严亚丹,崔璨,王东炜.基于导航App推荐路径和道路功能等级的路网运行分析[J].北京工业大学学报,2022,48(10):1046-1055.

[45] 刘蒋翔.基于目标框架理论的城际出行方式选择行为研究[D].成都:西南交通大学,2022.

[46] 刘建美,马寿峰.基于有限理性的个体出行路径选择进化博弈[J].控制与决策,2009,24(10):1450-1454.

[47] 陆化普.交通规划理论与方法[M].北京:清华大学出版社,2006.

[48] 景鹏.交通出行行为分析:选择行为建模及应用[M].北京:机械工业出版社,2022.

[49] 刘诗序,关宏志.出行者有限理性下的逐日路径选择行为和网络交通流演化[J].土木工程学报,2013,46(12):136-144.

[50] 陈团生.通勤者出行行为特征与分析方法研究[D].北京:北京交通大学,2007.

[51] 邵春福.交通规划原理[M].北京:中国铁道出版社,2014.

第6章 高速公路出行诱导技术研究

高速公路出行诱导技术通过信息提示和引导措施,提升高速公路交通流畅性、安全性、舒适性和服务水平。本章主要阐述出行诱导技术研究现状、出行诱导信息内容与诱导发布方式、出行诱导路径优化方法、出行诱导标志布设技术等。

6.1 出行诱导技术国内外研究现状

出行诱导技术研究主要包括三个方面:路径选择算法研究、诱导设施布设优化研究、诱导信息对出行者交通行为影响研究。

6.1.1 路径选择算法研究

根据路径规划算法的特性,可将其分为四类:一是传统算法,包括深度优先搜索算法和广度优先搜索算法等;二是基于图搜索的算法,如 Dijkstra 算法、A*算法以及相关改进算法;三是仿生学搜索算法,例如遗传算法、蚁群算法和粒子群算法等;四是其他算法,例如人工势场法、模糊逻辑算法、拉格朗日路径规划等。

(1)传统算法。

深度优先搜索(Depth-First Search,DFS)算法是一种用于遍历或搜索树和图的算法。该算法从树的根结点(或图的某个任意节点)出发,沿着树的深度或图的边的方向遍历,直到到达树的末端或图的某个顶点,然后回溯,继续搜索其他分支。

广度优先搜索(Breadth-First Search,BFS)算法也是一种用于遍历或搜索树和图的算法。与深度优先搜索(DFS)不同,BFS 从树的根结点(或图的某个任意节点)开始,沿着树的宽度或图的边的方向遍历,逐层访问节点,直到遍历到目标节点或无法继续遍历为止。

(2)基于图搜索的算法。

Dijkstra算法是一种著名的图论算法,主要用于求解有权图中的最短路径问题。其核心思路是利用贪心策略,从某个起始点开始,逐步寻找经过其他所有点的最短路径。

A*算法,是一种在图形平面上,有多个节点的路径,求出最低通过成本的算法。该算法像Dijkstra算法一样,可以找到一条最短路径。A*算法是在Dijkstra算法的基础上进行改进的。在搜索下一个节点时,A*算法不仅会计算起点到该节点的代价函数,还会估计该节点到终点的预计代价。它会始终从代价最小的节点开始搜索,并持续进行搜索直到达到终点。

(3)仿生学搜索算法。

遗传算法、蚁群算法、粒子群算法是经典的仿生学搜索算法,它们都是通过模拟生物界的某些特定行为和生物自然界中的优化策略,来解决复杂的优化问题。

遗传算法基于达尔文的进化论和遗传学的思想,通过模拟生物体的遗传、交叉和变异等过程,以寻找问题的最优解或较好的解决方案。蚁群算法是一种基于蚂蚁群体行为的启发式搜索算法,通过模拟蚂蚁在寻找食物的过程中释放信息素的行为来解决优化问题。粒子群算法是一种群体智能算法,灵感来源于鸟群或鱼群等生物群体的集体行为,粒子群算法包括初始化粒子群、初始化粒子速度和位置、评估粒子适应度、更新粒子速度和位置、更新个体和全局最优位置、迭代优化等步骤。

(4)其他算法。

路径规划的其他算法还包括人工势场法、模糊逻辑算法、拉格朗日路径规划、时间分段路径规划等。

人工势场法是一种基于物理学势场理论的路径规划方法。该方法将机器人或移动体看作带电粒子,目标点看作带正电荷的引力源,障碍物看作带负电荷的斥力源。机器人在势场中受到引力和斥力的合力,从而沿着势场的梯度线移动,最终到达目标点。

模糊逻辑算法是一种基于模糊逻辑理论的路径规划方法。在传统的逻辑中,命题的真假只有两种取值,分别是真(1)和假(0)。而在模糊逻辑中,命题的真假可以取在0和1之间的任意值,表示不同程度上的可信度或隶属度。这使得模糊逻辑更适用于处理不确定性和模糊性的问题。在路径规划中,模糊逻辑算法可以用于处理环境信息的模糊性,比如模糊障碍物的位置、模糊目标点的要求等。

拉格朗日路径规划算法通常是指一类基于拉格朗日乘子法的路径规划算法。这种方法常用于解决带有约束条件的最优化问题,其中路径规划可以被视为在满足一定条件下寻找最优路径的问题。

时间分段路径规划是一种考虑时间因素的路径规划方法,通常用于需要在不同时间段内完成任务或避免特定时间段的拥堵的场景。该方法可以被应用于智能交通系统、物流配送路径规划等领域。

6.1.2 诱导设施布设优化研究

6.1.2.1 国外理论与实践研究

理论研究方面,Abbas 和 McCoy 研究了路网中可变信息标志(Variable Message Signal,VMS)的选址优化问题,他们针对高速公路网中发生事故的路段,考虑了事故对车辆产生的影响及驾驶员对 VMS 提示信息的反应,研究了 VMS 最优化的布设位置,从而使车辆延误达到最小。Chiu 建立双层随机整数规划模型研究 VMS 选址问题,上层目标研究 VMS 的最佳选址,下层针对驾驶员对 VMS 发布信息的反应,研究用户最优动态分配问题。JeffHenderson 通过确定性排队延误模型计算 VMS 布设后产生的效益,如延误减少值。Won,Jaimu 等人建立延误最小模型进行 VMS 选址,并利用遗传算法求解。

实践方面,应用较为广泛的 VMS 系统有日本的 VICS 系统、欧盟的 RDS-TMC 系统、欧洲的 A1-Scout 系统、美国的 IntelliDrive 项目等。VICS 系统通过集中处理道路信息并发布诱导信息向道路使用者提供服务。它采用数据无线传输、调频(FM)道路广播和 GPS 车载导航等方式传输诱导信息,覆盖日本所有高速公路和主干道。欧盟的 RDS-TMC 系统是欧洲广播联盟制定的诱导信息发布通道,提供天气和道路状况等信息。该系统通过集中处理各种渠道收集的交通数据,并通过各种传播途径向道路使用者发布实时动态信息。A1-Scout 系统是欧洲最有代表性的交通诱导系统,由车载设备和车外设备组成。车辆通过车载导航终端与车外的信标进行信息交互,信标与诱导中心相连,诱导中心根据交通数据预测路段阻抗值和最优路径,并将结果传送给信标,信标再传送给车辆。驾驶员根据预测信息选择最短路径。IntelliDrive 项目通过卫星通信、宽带通信等方式向道路使用者提供连续的实时道路信息。该项目侧重于车辆的主动安全,并为多样化的出行方式提供无缝的服务。

6.1.2.2 国内理论与实践研究

理论研究方面，周元峰提出驾驶员对 VMS 的反应是影响选址效果的重要因素，并建立了考虑信息发布影响的驾驶员路径转移 Logistic 模型；李悦在考虑路段事故发生量的基础上建立了 VMS 贪婪算法选址模型，并用延误时间作为选址评价指标。赵敬洋提出了考虑驾驶员出行规律的行车理论 VMS 选址方法，以 VMS 信息效益最大化为目标建立了选址模型，并用遗传算法求解最优解。倪富健等综合考虑可变信息标志提供信息最大化和信息衰减规律建立了可变信息标志选址整数数学规划模型。朱翀在考虑用户需求、路网布局等基础上，建立了基于模糊决策分析的可变信息标志选址方法。姜桂艳等利用 VISSIM 模拟仿真了可变信息标志布设位置对交通流的影响。

实践方面，中国在 1995 年开始高速公路大建设之初，在国家层面部署了交通诱导系统，2000 年左右 VMS 被布设到高速公路上。2002 年"十五"国家科技攻关项目"上海市智能交通系统应用试点示范工程"是交通诱导系统建设的典型案例。特别是结合 2008 北京奥运会、2010 上海世博会、2010 广州亚运会等重大活动举办需求，实施了包含交通诱导系统在内的国家智能交通技术应用示范等重大项目，推动了交通诱导系统的发展和成熟。当前，VMS 从最初的静态信息显示发展到智能动态信息显示，同时与互联网数据、雷达数据、门架数据等结合，发布施工、拥堵、事件、天气等各类信息。

6.1.3 诱导信息对出行者交通行为影响研究

6.1.3.1 驾驶员路径选择行为的选择机理

驾驶员路径选择的决策过程可以归纳为三个阶段：认读阶段、决策阶段和操作阶段。在认读阶段，驾驶员会注意到交通诱导设施上的信息，例如 VMS 上显示的交通状况和建议路线等。这些信息会通过视觉感知被驾驶员接收到，然后进入下一个阶段。在决策阶段，驾驶员会根据自己的经验、偏好和当前的交通情况来作出决策；他们会考虑到达目的地的时间、道路拥堵情况、交通安全等因素，然后根据这些因素来选择是否改变原始的出行路径。在操作阶段，驾驶员会根据自己的决策作出相应的行动，他们可能会改变行驶方向、速度或选择其他道路，以适应新的路径选择。驾驶员路径选择过程中还存在一个反馈环节。在实际行驶过程中，驾驶员会感知到实际道路状况是否与预期相符，如果不符，他们可能会再次作出调整。驾驶员路径选择流程如图 6-1 所示。

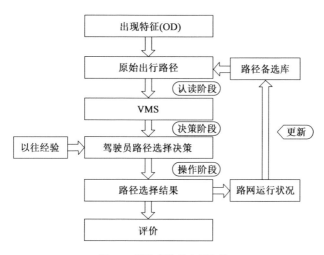

图 6-1 驾驶员路径选择流程

6.1.3.2 驾驶员路径选择决策准则

时间、距离和经济是驾驶员路径选择行为的三个主要决策准则。通常将时间效用最短、距离效用最短、路网熟悉度最高、经济成本最低等作为出行路径选择的决策准则。

（1）时间效用最短。

时间效用最短是驾驶员在路径选择时最常用的决策准则之一。驾驶员通常会希望能够尽快到达目的地，因此会选择能够在最短时间内完成出行的路径。这种决策准则适用于大多数驾驶员，尤其是那些有时间限制或者急于到达目的地的人。

（2）距离效用最短。

当路网畅通无阻时，驾驶员倾向于选择距离最短的路径，以最快速度到达目的地。距离效用最短的决策准则往往适用于驾驶员在熟悉的路网上行驶时。当驾驶员对道路条件、交通量和导航需求等因素比较了解时，他们可以更准确地评估和预测距离最短路径的行驶时间。因此，他们通常会选择距离最短的路径，以最大限度地节省时间和燃料成本。

（3）路网熟悉度最高。

驾驶员通常更倾向于选择他们熟悉的道路和路径，因为熟悉的路网可以提供更高的可预测性和安全性。当交通诱导设施提供替代路径时，驾驶员会考虑自己对替代路径的熟悉度。如果驾驶员对替代路径的路网比较熟悉，他们可能会选择这条路径,因为他们更加了解这条路的交通状况、道路条件。这意味着驾驶员更有信心在熟悉的路网上行驶,并且能够更有效地应对可能出现的交通问题。如果驾驶员对替代路径的路网不太熟悉,他们可能会选择坚持原始路径,即使交通诱导设施提供了更优的替代路径。这是因为驾驶员不愿意冒险在不熟悉的路网上行驶,他们可能担心面临路况不熟、交通拥堵或其他不确定因素。

(4)经济成本最低。

驾驶员希望在出行过程中能够尽量减少经济成本,如停车管理费、高速公路收费和拥堵收费等,驾驶员可能会选择避免或减少高费用路径。车辆运行费用也是驾驶员需要考虑的一个因素。燃油费、轮胎磨损费和机件磨损费等都是驾驶员在车辆运行过程中需要承担的费用,驾驶员可能会选择能够减少这些费用的路径。

6.2　高速公路出行诱导信息内容与诱导发布方式

高速公路出行诱导信息发布能够引导、控制和优化交通流,引导出行者更快速、高效、舒适到达目的地,进而提升高速公路出行体验和管理水平。

6.2.1　出行信息服务内容

出行诱导信息服务内容根据时间可分为出行前、出行中信息服务,按照服务对象可分为公共路径诱导和个体路径诱导。

6.2.1.1　按照时间分类

(1)出行前信息服务。

出行前信息服务是指在出行前提供相关的信息,以帮助出行者更好地计划和准备行程。这种服务可以通过各种渠道和方式提供,包括在线平台、移动应用、交通信息系统等。常见的出行前信息服务包括实时交通信息、天气预报、公共交通信息、景点和活动信息、酒店和住宿信息、交通工具预订信息、安全提示和预警信息等。

(2)出行中信息服务。

出行中信息服务是指在出行过程中为出行者提供实时、便捷的信息,以提高出行的效率和便利性。出行中信息服务方式包括可变信息标志、移动智能终端、交通广播台、车载导航系统、专用终端等。常见的出行中信息服务包括实时事故施工等交通信息、导航服务、收费站信息、服务区和加油站信息、交通费用计算、语音助手、紧急救援服务等。

6.2.1.2　按照服务对象分类

（1）公共路径诱导。

公共路径诱导是指通过可变信息标志、交通广播等群发方式，为出行群体提供非个性化出行信息，在为出行者提供普遍性信息服务的同时，通过非强制性方式达到均衡交通流，减少社会出行成本的目的。

（2）个体路径诱导。

个体路径诱导是指通过个人持有的智能终端，包括手持终端和车载终端，以语音、图片、文字等多种方式，为满足出行个体特定出行需求，提供的定制化个性化的出行信息服务，包括个性化路径规划、时间和成本考虑、出行历史记录、反馈机制等，从而满足出行个体便捷、高效、舒适、可靠等不同出行需求。

6.2.2　出行诱导信息更新方式

出行诱导信息更新方式包括静态信息和动态信息的更新。出行诱导发布方式包括交通广播、车载导航等。

6.2.2.1　静态信息

静态信息是在相当长的时间内相对稳定不变的信息。高速公路静态交通信息主要包括高速公路基本信息，如高速公路名称、公路编号、收费站信息、出口和匝道信息、限速信息、桥梁信息等。静态信息对于交通流诱导系统的设计和实施非常重要，它提供了系统所需的基础数据和指导原则，为有效引导交通流提供了支持。

6.2.2.2　动态信息

高速公路的动态交通信息包括实时或近期的交通状况、事件和其他影响行车的因素，主要包括实时交通量、拥堵情况、事故和紧急事件、施工和维护信息、天气状况、动态最优路径建议、预计通行时长、距离下一服务区里程、服务区拥堵状态、是否有充电桩等。高速公路动态信息通常通过交通管理中心、智能交通系统和导航应用程序等渠道传播给驾驶员，以提高行车的安全性和效率。

6.2.3　高速公路出行诱导发布途径与图形化展示

6.2.3.1　高速公路出行诱导发布途径

高速公路出行诱导发布途径包括可变信息标志、交通广播、移动应用程序、车载终端、社交媒体平台等。由于各方式的受众群体不同,通常高速公路交通信息发布系统会支持以上大多数的交通信息发布方式。

(1) 可变信息标志。在高速公路上设置可变信息标志,通过发光二极管(Light Emitted Diode,LED)等显示屏展示实时交通信息、路况、天气等。这些路牌通常安装在重要路段、出口和服务区域。

(2) 交通广播。高速公路的服务区和收费站通常设有广播系统,通过广播向驾驶员发布路况信息、重要通告、紧急事件等。

(3) 移动应用程序。提供专门的高速公路出行应用程序,用户可以通过手机或平板设备获取实时路况、导航信息、服务区信息等,部分用户可以接收实时通知。

(4) 车载终端。通过车辆上搭载的信息终端向驾驶员提供实时的路况、导航、安全提示等相关信息。

(5) 社交媒体平台。高速公路管理部门或相关机构会在社交媒体平台上发布最新的路况、事件、建议等信息,以扩大信息传播范围。

6.2.3.2　交通信息图形化展示

交通信息图形化展示能够将实时的交通信息直观、清晰地展示给用户,以帮助出行者更好地理解和应对交通状况。常见的交通信息图形化类型包括:

(1) 交通地图应用:利用地图应用,如百度地图、高德地图等,实时显示道路状况、交通拥堵情况、事故发生地点等信息。这些应用通常使用颜色标识不同交通状态,如红色表示拥堵,绿色表示畅通。

(2) 交通热力图:通过交通热力图展示道路上不同区域的交通状况,颜色深浅表示交通量的密集程度。这种方式可以直观地展示交通拥堵的程度和位置。

(3) 车辆轨迹图:利用车辆轨迹数据,绘制车辆在道路上的运行轨迹,通过动态图形化展示车辆的行驶状态,包括速度、停留时间等信息。

(4) 事件标注图:在地图上标注交通事件的发生地点,如事故、施工等,通过图标或标记直观展示事件对交通的影响。

(5) 实时摄像头画面:将交通监控摄像头的实时画面以图形化方式展示在

用户界面上,让用户通过视觉感知实际的交通状况。

(6)动画效果:利用动画效果展示交通信息的变化,可以使用流动的箭头表示车流方向,或者动态的交通信号灯状态等,增强用户对交通动态的感知。

6.3 高速公路出行诱导路径优化方法

高速公路出行诱导路径优化方法可分为三类:第一类是利用 Dijkstra 算法等最短路径规划方法进行最短路径规划;第二类是基于交通规划四阶段进行交通量分配,根据流量分配结果进行路径优化;第三类是利用车辆行驶轨迹规律进行路径优化。本节对三种方法进行阐述。

6.3.1 最短路规划方法

6.3.1.1 Disjkstra 算法

Dijkstra 算法由荷兰计算机科学家 Edsger Wybe Dijkstra 于 1956 年发现,Dijkstra 算法的基本思想是贪心思想,主要特点是以起始点为中心向外层层扩展,直到扩展到目标点为止。Dijkstra 算法在扩展的过程中,取出未访问节点中距离该点距离最小的节点,利用该节点去更新其他节点的距离值,算法流程如图 6-2 所示。

算法步骤如下:

步骤 1:初始时,生成集合 Close = {v},集合 OPEN = {其余顶点},集合 Close 和 OPEN 互补。

步骤 2:从集合 OPEN 中选取一个距离 v 最短的顶点 k,把 k 加入集合 Close 中,记录节点 v 为节点 k 的父节点。距离的计算通过累积的边权重来确定,表示两个相邻节点之间的代价,可以是距离、时间、费用等。

步骤 3:以 k 为新考虑的中间点,修改 OPEN 集合中各顶点的距离;若从源点 v 到顶点 u 的距离比原来距离短,则修改顶点 u 的距离值,修改后的距离值为顶点 k 的距离加上边上的权,同时修改节点 k 的父节点。

步骤 4:重复步骤 2 和步骤 3,直到所有顶点都包含在集合 Close 中。

步骤 5:根据目标节点的父节点反向进行迭代,输出最短路径。

接下来将以图 6-3 所示的道路的局部点网图为例,使用 Dijkstra 算法进行最优路径规划,并列表进行算法的运算步骤说明。图中距离单位均为 km。表 6-1 列出了基于 Dijkstra 算法的最短路径求解过程。

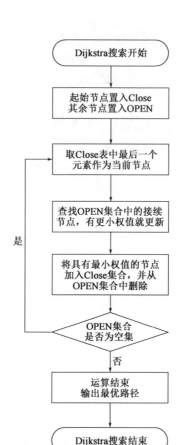

图 6-2　Dijkstra 算法流程

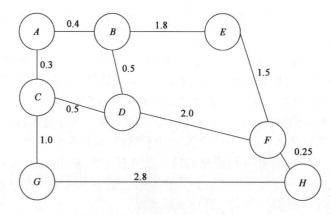

图 6-3　道路局部点网模型

Dijkstra 算法求解步骤　　　　表 6-1

步骤	集合 S	集合 U
1	选入 H 点，此时 $S=\{H\}$，$H\rightarrow H=0$，从 H 点开始搜索	$U=\{A,B,C,D,E,F,G\}$ $H\rightarrow F=0.25$，$H\rightarrow G=2.8$
2	$S=\{H,F\}$，到 F 点的最短路为 $H\rightarrow F=0.25$，从 F 点开始搜索	$U=\{A,B,C,D,E,G\}$ $H\rightarrow F\rightarrow D=2.25$ $H\rightarrow F\rightarrow E=1.75$
3	$S=\{H,F,E,D\}$，到 E 的最短路为 $H\rightarrow F\rightarrow E=1.75$，到 D 的最短路径为 $H\rightarrow F\rightarrow D=2.25$，从 E 搜索	$U=\{A,B,C,G\}$ $H\rightarrow F\rightarrow E\rightarrow B=3.55$ $H\rightarrow F\rightarrow D\rightarrow B=2.75$
4	$S=\{H,F,E,D,B\}$，到 B 点最短路径为 $H\rightarrow F\rightarrow D\rightarrow B=2.75$。从 B 开始搜索	$U=\{A,C,G\}$ $H\rightarrow F\rightarrow D\rightarrow B\rightarrow A=3.15$ $H\rightarrow F\rightarrow D\rightarrow B\rightarrow A\rightarrow C=3.45$ $H\rightarrow F\rightarrow D\rightarrow C=2.75$ $H\rightarrow G\rightarrow C=3.8$ $H\rightarrow F\rightarrow D\rightarrow C\rightarrow G=3.75$ $H\rightarrow F\rightarrow D\rightarrow C\rightarrow A=3.05$
5	S 为全集，从 H 到 A 的最短路径为 $H\rightarrow F\rightarrow D\rightarrow C\rightarrow A=3.05$	U 为空集，运算结束

从求解过程中可以看到，不管需要求取最短路径的是哪两个点，Dijkstra 算法总会求出从源节点到图 G 中所有顶点的最短路径。反映到算法的计算过程，就是将集合 S 从仅含有源节点的一个集合逐步变成为全集，U 集合变为空集。求取完成之后，再根据父节点进行推演得出所需求解的最短路径。

Dijkstra 算法对于边权重非负的稠密图能够找到从起点到其他所有节点的最短路径，且计算时间较快。在高速公路路径优化过程中若选用 Dijkstra 算法，边权重（如行程时间、拥堵指数、出行成本等）均应为正数。

6.3.1.2　A﹡算法

A﹡算法发表于 1968 年，通过借助启发式函数改进搜索效率。A﹡算法是静态路网中求解最短路径最有效的直接搜索方法。

A﹡算法首先需定义对当前节点的估计函数，其表达式为：

$$f(x)=g(x)+h(x) \qquad (6-1)$$

其中，$f(x)$ 是节点的总成本，$g(x)$ 是从起点到当前节点 x 的实际成本，$h(x)$

是从节点 x 到终点的启发式估计成本，通常可使用欧氏距离或曼哈顿距离等。

算法具体计算流程以有向图为例（图6-4），其中各线段长度已给出，f 值均可直接计算。

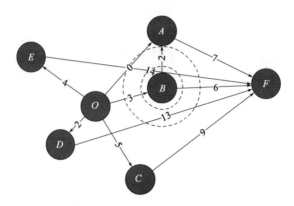

图6-4 A*算法示意图

步骤1：初始化，定义列表 M 与列表 N，列表 M 用来存放待计算的节点，列表 N 用来存放不再计算的节点，列表 M、列表 N 初始为空。

步骤2：从出发点 O 开始，将点 O 添加到列表 M，搜索得到近邻点 A 点、B 点、C 点、D 点、E 点，记录 O 点为近邻点父节点，将 O 从列表 M 中移除，存入列表 N，其近邻点存入列表 M，并计算近邻点 f 值，得到 $f(A)=6+7=13$，$f(B)=3+6=9$，$f(C)=5+9=14$，$f(D)=2+13=15$，$f(E)=4+14=18$，选择函数值最小的节点即 B 点，从列表 M 中转移至列表 N。

步骤3：继续搜索 B 点的近邻点，得到 A 点和 F 点，将新搜索到的节点 F 存入列表 M，计算此时三点 g 值与 f 值。

$OB+BA=5<OA$，更新 $g(A)=5$，同时更新点 A 的父节点为 B；$f(F)=g(B)+h(B,F)=3+6=9$，同时记录点 F 父节点为 B。

更新列表 M 中节点的 f 值，此时 $f(A)=5+7=12$，$f(F)=9+0=9$，选择 f 值最小的节点，即点 F，将其添加至列表 N，此时已到达终点，算法结束。

步骤4：由列表 N 得到算法求出的最短路径节点，目即点 $O\rightarrow B\rightarrow F$，路径示意图如图6-5所示。

A*算法使用了一个启发式函数来估计从起点到目标的代价，只要启发式函数选择适当，就能够保证找到的路径是最优的。但当地图的状态空间非常庞大时，A*算法的时间复杂度可能会很高。A*算法更适用于在有明确目的地情况下进行路径规划。

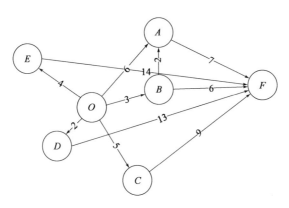

图 6-5　A*算法示意图

6.3.2　基于交通需求四阶段模型的路径优化

高速公路路径优化通常需要根据社会经济发展、收费政策、施工、新建道路等情况进行交通需求和交通量预测，交通量预测结果能够为路径优化提供基础数据支撑。

交通需求四阶段预测模型主要包括交通生成预测、交通分布预测、交通方式划分、交通分配预测四个阶段（图 6-6）。

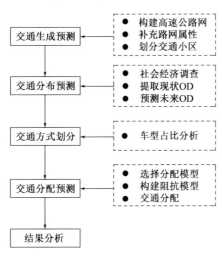

图 6-6　交通规划四阶段高速公路流量预测思路

交通生成预测是四阶段中的第一个阶段，需要先求出区域交通产生量作为总控制量，预测出交通小区的发生量和吸引量。常用的方法包括原单位法、聚类分析法等。

交通分布主要分析交通发生量和吸引量的起讫点,本阶段最终要计算出交通小区之间发生和吸引量对应的 OD 矩阵。常用的方法包括增长系数法、重力模型法等。

交通方式划分即分析出行者采用的交通工具方式,如步行、自行车、汽车等交通方式。在高速公路交通量预测中,交通方式划分主要考虑对车型的划分,如小汽车、客车、大型货车等。

交通分配预测即根据可选路径的出行阻抗,将每个 OD 对间的流量分配到路网上,从而求出路网中每个路段的流量。交通分配常用的方法包括全有全无、增量分配、用户平衡、系统最优等。

6.3.2.1 高速公路路网构建和交通小区划分

首先依据山东省高速公路网构建高速公路网结构,并校准路网属性,如道路名称、车道数、通行能力等信息。

高速公路路网交通小区划分主要考虑高速公路封闭性特征,由于能够进出高速公路的只有收费站,因此以收费站作为交通小区。

6.3.2.2 交通生成预测

交通生成预测需计算每个交通小区的吸引量和发生量。影响高速公路路网交通小区吸引量和发生量的因素有长期因素和短期因素。长期因素包括区域经济发展、产业结构、综合交通发展规划等。短期因素包括道路施工、交通事故、恶劣天气、收费政策等。

(1)区域经济发展。区域经济发展与公路运输发展相互影响相互促进。区域经济发展的目的是优化区域资源配置,解决生产力布局与产业结构之间的矛盾,实现最佳综合效益。公路建设会萃取沿线地区的资源要素,优化资源配置,从而带动经济发展。而区域经济活动又对公路运输起到从属和引导的功能,公路交通必须为该区域经济服务,同时区域经济发展为交通基础建设提供资金支持,使交通设施得以建设;区域经济发展越发达,引发的区域间交通出行需求越大,公路交通量越大,高速公路交通小区吸引量和发生量也越大。

(2)产业结构。地区经济产业结构对高速公路交通构成影响较大,产业结构不同,交通量构成比例有较大区别。如东营市、淄博市、滨州市第二产业占比较大,会直接影响这些区域高速公路货运交通量占比。

(3)综合交通发展规划。随着社会经济和交通发展,任何单一运输方式都很难解决运输问题，区域铁路、水运、交通枢纽的现状与规划的规模、能力、功能情况，也会影响到高速公路不同区域吸引和发生交通量。

(4)道路施工。高速公路道路施工包括养护施工和改扩建施工，施工时长、施工形式、施工区封闭车道数量、限速、限行等因素均对施工区周边高速公路吸引和发生量产生影响。

(5)交通事故。交通事故对周边高速公路交通小区吸引和发生量也会产生一定影响，影响要素主要包括事故严重程度、事故发生时间和地点、封闭车道数、封闭车道长度和时间、大型车辆比例、事故路段限速、事故延迟时间等。

(6)恶劣天气。恶劣天气对高速公路交通流正常运行及行车安全带来极大影响，同样会影响恶劣天气区域高速公路吸引量和发生量。

(7)收费政策。高速公路收费政策包括差异化收费政策、绿通车优惠政策、节假日免费通行政策、ETC 车辆打折优惠政策、部分高速公路路段免费通行政策等。不同的收费政策对出行者高速公路出行影响较大，如节假日期间由于高速公路对 7 座及以下小汽车免费通行，高速公路交通小区发生量和吸引量可能会激增。

6.3.2.3　交通分布预测

(1)现状交通分布信息提取。

高速公路交通分布信息主要根据收费站车牌记录信息获取。收费站之间的 OD 数据如图 6-7 所示。

	1	2	3	4	5	6	7	8	9	10	11	12
1	32.00	0.00	17.00	1.00	0.00	0.00	0.00	0.00	8.00	18.00	0.00	9.00
2	0.00	0.00	0.00	0.00	0.00	0.00	0.00	0.00	0.00	0.00	0.00	0.00
3	2.00	0.00	82.00	0.00	0.00	0.00	0.00	0.00	6.00	12.00	0.00	8.00
4	3.00	0.00	0.00	47.00	0.00	0.00	0.00	0.00	2.00	5.00	0.00	5.00
5	0.00	0.00	0.00	0.00	0.00	0.00	0.00	0.00	0.00	0.00	0.00	0.00
6	0.00	0.00	0.00	0.00	0.00	0.00	0.00	0.00	0.00	0.00	0.00	0.00
7	0.00	0.00	0.00	0.00	0.00	0.00	0.00	0.00	0.00	0.00	0.00	0.00
8	0.00	0.00	0.00	0.00	0.00	0.00	0.00	0.00	0.00	0.00	0.00	0.00
9	10.00	0.00	5.00	0.00	0.00	0.00	0.00	0.00	12.00	51.00	0.00	37.00
10	15.00	0.00	22.00	1.00	0.00	0.00	0.00	0.00	49.00	13.00	0.00	40.00
11	0.00	0.00	0.00	0.00	0.00	0.00	0.00	0.00	0.00	0.00	0.00	0.00
12	8.00	0.00	9.00	1.00	0.00	0.00	0.00	0.00	46.00	20.00	0.00	23.00
13	4.00	0.00	6.00	2.00	0.00	0.00	0.00	0.00	21.00	4.00	0.00	40.00
14	1.00	0.00	5.00	0.00	0.00	0.00	0.00	0.00	4.00	2.00	0.00	65.00
15	27.00	0.00	12.00	1.00	0.00	0.00	0.00	0.00	23.00	5.00	0.00	9.00
16	38.00	0.00	2.00	0.00	0.00	0.00	0.00	0.00	1.00	1.00	0.00	1.00
17	6.00	0.00	351.00	32.00	0.00	0.00	0.00	0.00	0.00	1.00	0.00	9.00
18	98.00	0.00	19.00	2.00	0.00	0.00	0.00	0.00	0.00	1.00	0.00	1.00
19	40.00	0.00	74.00	4.00	0.00	0.00	0.00	0.00	1.00	0.00	0.00	0.00
20	2.00	0.00	354.00	30.00	0.00	0.00	0.00	0.00	1.00	1.00	0.00	27.00
21	13.00	0.00	128.00	11.00	0.00	0.00	0.00	0.00	0.00	1.00	0.00	11.00
22	9.00	0.00	10.00	2.00	0.00	0.00	0.00	0.00	0.00	4.00	0.00	25.00
23	0.00	0.00	15.00	1.00	0.00	0.00	0.00	0.00	0.00	8.00	0.00	74.00
24	13.00	0.00	32.00	3.00	0.00	0.00	0.00	0.00	0.00	1.00	0.00	52.00
25	59.00	0.00	43.00	1.00	0.00	0.00	0.00	0.00	0.00	11.00	0.00	36.00
26	4.00	0.00	4.00	1.00	0.00	0.00	0.00	0.00	0.00	4.00	0.00	21.00
27	25.00	0.00	39.00	0.00	0.00	0.00	0.00	0.00	0.00	4.00	0.00	11.00
28	3.00	0.00	1.00	1.00	0.00	0.00	0.00	0.00	12.00	2.00	0.00	0.00
29	10.00	0.00	9.00	0.00	0.00	0.00	0.00	0.00	32.00	7.00	0.00	0.00
30	0.00	0.00	0.00	0.00	0.00	0.00	0.00	0.00	6.00	3.00	0.00	0.00
31	4.00	0.00	2.00	0.00	0.00	0.00	0.00	0.00	7.00	4.00	0.00	2.00

图 6-7　部分收费站 OD 数据

(2)未来交通分布预测。

交通分布预测目的是根据现状 OD 分布量及各区域因经济增长、土地开发、新建道路、道路施工等因素形成的交通量的增减,来推算各区域之间将来的交通分布。预测方法有增长率法、重力模型法、神经网络模型等。应用较为广泛的是重力模型法,该模型基于牛顿的万有引力定律,考虑各区域之间交通分布受到地区间距离、运行时间、费用等交通阻抗影响,认为区域之间出行分布与出行的吸引成正比而与交通阻抗成反比。

$$T_{ij} = \frac{M_i \times M_j}{t_{ij}} \tag{6-2}$$

式中:T_{ij}——地区 i 到地区 j 的交通量;

M_i、M_j——地区 i 和 j 的交通生成量(或吸引量);

t_{ij}——地区 i 到地区 j 之间的阻抗,由行程时间、费用、距离等组成。

6.3.2.4 交通方式划分

高速公路交通方式划分主要是根据高速公路车型进行分类,高速公路车型分为一型客车、二型客车、三型客车、四型客车、一型货车、二型货车、三型货车、四型货车、五型货车、六型货车、一型专项作业车、二型专项作业车、三型专项作业车、四型专项作业车、五型专项作业车、六型专项作业车等 16 种车型。

不同车型流量占比、收费方式、受新建道路和施工道路影响情况各异,因此在交通生成、交通分布、交通量预测时均是分车型交通量数据。

6.3.2.5 交通分配

(1)交通分配方法。

交通分配常用的方法包括全有全无、增量分配、用户平衡、系统最优等。

全有全无分配方法是一种极端情况的交通分配方法,其特点是交通流完全集中于一条或少数几条路径,而其他路径上几乎没有交通流。这种分配方法通常用于理论研究和模型推导,不太符合实际交通流的分布情况。

与全有全无方法不同,增量分配考虑了交通流逐渐增加的情况,在增量分配方法中,交通流不是一次性全部分配到路径上,而是逐步增加。常见的增量分配方法包括逐步增量法、增量成本法、非线性增量法等。

用户均衡是假设道路利用者都知道网络交通状态并试图选择最短路径时,网络将达到平衡状态。每个 OD 对的各条被使用的路径具有相等且最小的行程时间,没有被使用的路径行程时间大于或等于最小行驶时间。

系统最优是指在系统平衡条件下,拥挤的路网上交通流应该按照平均或总的出行成本最小为依据分配。

(2)交通阻抗函数。

交通阻抗是交通流分配中的重要指标,直接影响到交通流路径选择和流量分配。道路阻抗在交通流分配中可以通过路阻函数描述。交通网络上的路阻,包含反应交通时间、交通安全、交通成本、交通舒适程度、交通便捷程度等许多因素。在诸多交通阻抗因素中,时间因素是最主要的因素,对于公路行驶时间阻抗应用较为广泛的是 BPR 函数,其形式为:

$$t_a = t_0 \left[1 + \alpha \left(\frac{q_a}{c_a} \right)^\beta \right] \tag{6-3}$$

式中:t_a——路段 a 上的阻抗;

t_0——零阻抗,即路段车辆自由行驶需要的时间;

q_a——路段 a 上的交通量;

c_a——路段 a 的实际通过能力;

α、β——阻滞系数,常分别取值为 0.15 和 4。

由于 BPR 函数仅考虑了交通量的影响,没有考虑到其他因素的影响,如出行费用、长期施工、限速等因素。因此,对 BPR 函数进行修正:

$$t = t_0 + t_0 \times \alpha \times \left(\frac{Q}{C} \right)^\beta \tag{6-4}$$

式中:t——道路阻抗;

Q——实际交通量;

C——实际通行能力。

由于饱和度与车流速度关系不具有单调性,不能全面表征道路阻抗,因此对通行能力进行调整,以保证每个饱和度对应一个速度值,调整后的饱和度公式如下:

$$z = \begin{cases} Q/C & z \in [0,1] \text{畅通} \\ (2C - Q)/C & z \in (1,2] \text{拥堵} \end{cases} \tag{6-5}$$

修改后的饱和度及各影响因素以线性关系引入式(6-4)得到式(6-6)。

$$t = t_0 + \alpha_{n+1} (z)^\beta \tag{6-6}$$

式中,$t_0 = \alpha_0 + \alpha_1 f_1 + \alpha_2 f_2 + \cdots + \alpha_n f_n$,$\alpha_0$ 为截距,α_1、α_2、$\cdots \alpha_n$ 为影响因素 f_1、f_2、$\cdots f_n$ 的系数,α_{n+1} 为阻滞系数 $\alpha_{n+1} = t_0 \times \alpha$。

为方便式(6-6)在 TransCAD 中进行交通分配,对参数进行整理,如式(6-7)

所示。

$$\begin{cases} t_0 = \alpha_0 + \alpha_1 f_1 + \alpha_2 f_2 + \ldots + \alpha_n f_n = \alpha_0 + \sum_{i=1}^{n} \alpha_i f_i \\ \alpha = \dfrac{\alpha_{n+1}}{t_0} \end{cases} \quad (6\text{-}7)$$

则式(6-6)变为式(6-8)：

$$\begin{aligned} t &= \alpha_0 + \alpha_1 f_1 + \alpha_2 f_2 + \cdots + \alpha_{n+1}(z)^\beta \\ &= \alpha_0 + \sum_{i=1}^{n} \alpha_i f_i + \alpha_{n+1}(z)^\beta \\ &= t_0 [1 + \alpha (z)^\beta] \end{aligned} \quad (6\text{-}8)$$

6.3.2.6 结果分析

为校准交通分配结果，首先将现状OD分配至现状路网，对比路网分配流量与实际流量的差距，并逐步调整优化分配模型。以2023年2月12日高速公路交通量为例，现状OD分配结果与现状实际流量较为吻合，认为交通分配模型校准较为理想。

6.3.3 车辆轨迹机器学习模型构建

基于四阶段的交通流分配模型在交通分配时基于一种假设，即出行者路径选择遵从费用最低或者时间最短等规则，而实际出行过程中出行者路径选择考虑的因素较为复杂，包括费用、时间、拥堵情况、个人偏好等多种因素。随着高速公路智能化建设，积累了海量车辆轨迹数据，为从车辆轨迹中挖掘出行规律提供了数据基础。为更加精准刻画出行者复杂的高速公路路径选择行为，更好地为出行诱导提供基础数据，可构建车辆轨迹机器学习模型，挖掘实际出行路径选择的规律。

车辆轨迹机器学习模型构建主要包括高速公路车辆轨迹提取、行程时间阈值确定、车辆轨迹补全、车辆轨迹简化、长短时记忆神经网络模型构建、流量分配结果评估五个部分。

6.3.3.1 高速公路车辆轨迹提取

高速公路行驶车辆车牌信息会被ETC门架记录，根据ETC门架记录时间和空间信息能够提取出车辆行驶轨迹(表6-2)。根据ETC门架记录生成的出行路径如图6-8所示。

高速公路车辆轨迹提取　　　　　　　　　　　表 6-2

门架编号	车牌识别号	经度(°)	维度(°)	交易时间
G000337001000210030	1298	37.48501	116.3903	2023 年 2 月 27 日 1:17
G000337001000310040	1298	37.41468	116.3839	2023 年 2 月 27 日 1:19
G000337001002110010	1298	37.36484	116.3884	2023 年 2 月 27 日 1:21
G000337001002210010	1298	37.31158	116.4192	2023 年 2 月 27 日 1:30
G000337001000510060	1298	37.21294	116.4978	2023 年 2 月 27 日 1:36
G000337005000110010	1298	36.97309	116.6829	2023 年 2 月 27 日 1:38
G000337005001910010	1298	36.95888	116.6849	2023 年 2 月 27 日 1:49
G000337005002010030	1298	36.89607	116.7242	2023 年 2 月 27 日 1:53
G000337005000310020	1298	36.82972	116.7733	2023 年 2 月 27 日 1:56
G000337005000410010	1298	36.83383	116.7709	2023 年 2 月 27 日 1:58

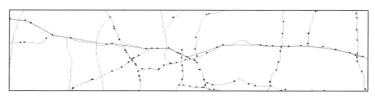

图 6-8　根据 ETC 门架记录生成出行路径

6.3.3.2　行程时间阈值确定

高速公路车辆存在一天内多次使用高速公路出行的情况,因此有必要将此类出行根据出行时间阈值打断为多条出行轨迹。以部分车辆出行两门架时间差为例,大部分车辆经过两门架的时间差在 30min 以下,因此可选择 30min 作为两段出行轨迹打断阈值(图 6-9、图 6-10)。

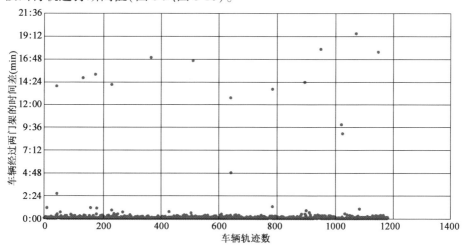

图 6-9　车辆经过两门架时间差分布图(一)

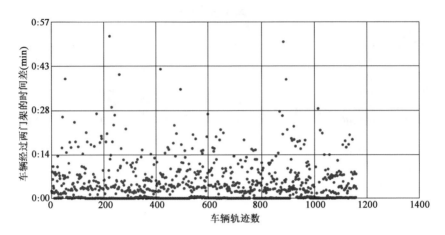

图6-10 车辆经过两门架时间差分布图(二)

6.3.3.3 车辆轨迹补全

不完整出行轨迹是指车辆在高速公路行驶时,部分路段并没有被门架覆盖或某些门架漏检,存在路径二义性,需要对此类车辆轨迹进行补全。路径补全按照最短路径进行。

$$R_o = \{L_{1,2}, L_{2,3}, \cdots, L_{i-1,i}, \cdots, L_{n-1,n}\} \quad (6-9)$$

式中:R_o——车辆 O 的轨迹路线集合;

$L_{1,2}$——第一个节点到第二个节点之间的路段编号;

$L_{n-1,n}$——第 $n-1$ 个节点到第 n 个节点的路段编号。

假设 $L_{i-1,i}$ 为缺失路段,即从 $i-1$ 节点到 i 节点行驶路径缺失,则需对其进行补全。

首先,计算 $i-1$ 节点到 i 节点所有路径的最短距离:

$$D_{i-1,i}(\tau) = \min\{D_{i-1,i}(1), D_{i-1,i}(2), \cdots, D_{i-1,i}(\mu)\} \quad (6-10)$$

式中:$D_{i-1,i}(\tau)$——$i-1$ 节点至 i 节点之间的最短距离(第 τ 个路径);

$D_{i-1,i}(1)$——$i-1$ 节点至 i 节点之间第 1 条路径的距离;

$D_{i-1,i}(2)$——$i-1$ 节点至 i 节点之间第 2 条路径的距离。

其次,将最短路径上的路段信息赋值给 $L_{i-1,i}$,最后得到全部行驶轨迹。

$$L_{i-1,i} = \{L_{i-1,A}, L_{A,B}, \cdots, L_{F,i}\} \quad (6-11)$$

图 6-11、图 6-12 为车辆轨迹补全示意图。

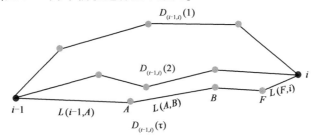

图 6-11 车辆轨迹补全示意图(一)

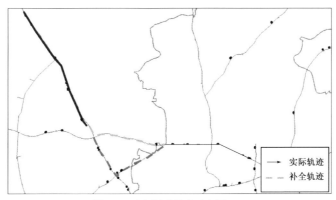

图 6-12 车辆轨迹补全示意图(二)

6.3.3.4 车辆轨迹简化

原始轨迹数据结构为 $L_i = <i_{门架ID1}, i_{门架ID2}, \cdots, i_{门架IDn}>$,由于山东省高速公路门架数量较多,若将原始轨迹数据(图 6-13)放入神经网络模型,容易产生梯度爆炸问题,因此将原始轨迹进行分层处理。首先对路网分区划分(图 6-14),其次将车辆轨迹简化处理为 $Q_i = <i_{分区ID1}, i_{分区ID2}, \cdots, i_{分区IDm}>$(图 6-15)。

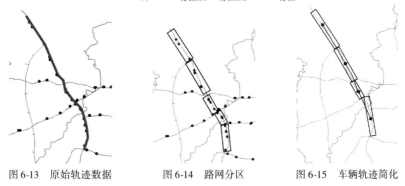

图 6-13 原始轨迹数据　　图 6-14 路网分区　　图 6-15 车辆轨迹简化

6.3.3.5 长短时记忆神经网络模型构建

长短时记忆网络（Long Short-Term Memory，LSTM）是一种循环神经网络（RNN）的变体，专门设计用于解决传统 RNN 中的长时依赖问题。传统的 RNN 在处理长序列时容易出现梯度消失或梯度爆炸的问题，导致模型难以捕捉长时依赖关系，LSTM 的设计就是为了解决这一问题。

在利用 LSTM 进行高速公路车辆轨迹学习时，输入的是历史 OD，输出的是车辆轨迹集合，根据车辆轨迹集合计算出路段流量，根据聚合的路段流量与真实路段流量对比优化模型学习过程（图 6-16）。

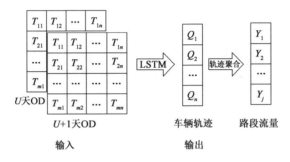

图 6-16 LSTM 模型输入输出

LSTM 的结构包括四个主要部分：

记忆单元（Memory Cell）：LSTM 包含一个记忆单元，用于存储长期信息。这个记忆单元可以被认为是网络内部的一种存储单元，可以在长序列中传递信息。

输入门（Input Gate）：输入门控制新输入数据对记忆单元的影响。它决定了什么信息应该被添加到记忆单元中。

遗忘门（Forget Gate）：遗忘门控制哪些信息应该从记忆单元中删除。它决定了过去的记忆中哪些信息是不重要的。

输出门（Output Gate）：输出门决定记忆单元的哪些部分将作为输出传递到下一层网络。它控制着网络学到的信息如何影响模型的输出。

（1）输入门计算。

$$i_t = \sigma(W_{ii}x_t + b_{ii} + W_{hi}h_{t-1} + b_{hi}) \tag{6-12}$$

式中： i_t——输入门在时间步 t 的输出；

σ——sigmoid 函数；

W_{ii}、W_{hi}——输入 x_t 和上一个时间步的隐藏状态 h_{t-1} 对输入门的权重矩阵；

b_{ii}、b_{hi}——相应的偏置项。

输入门的输出 i_t 决定了新的输入信息在当前时间步对记忆单元的影响程度。当 i_t 接近 1 时,表示允许所有新的信息进入记忆单元;当 i_t 接近 0 时,表示阻止所有新的信息进入记忆单元。

(2)遗忘门计算。

$$f_t = \sigma(W_{if}x_t + b_{if} + W_{hf}h_{t-1} + b_{hf}) \tag{6-13}$$

式中: f_t——遗忘门在时间步 t 的输出;

　　　σ——sigmoid 函数;

　　　W_{if}、W_{hf}——输入 x_t 和上一个时间步的隐藏状态 h_{t-1} 对遗忘门的权重矩阵;

　　　b_{if}、b_{hf}——相应的偏置项。

遗忘门的输出 f_t 决定了前一个时间步的记忆单元中的信息在当前时间步是否被保留。具体而言,当 f_t 接近 1 时,表示保留所有信息;当 f_t 接近 0 时,表示忘记所有信息。

(3)输出门计算。

$$o_t = \sigma(W_{io}x_t + b_{io} + W_{ho}h_{t-1} + b_{ho}) \tag{6-14}$$

式中: o_t——输出门在时间步 t 的输出;

　　　σ——sigmoid 函数;

　　　W_{io}、W_{ho}——输入 x_t 和上一个时间步的隐藏状态 h_{t-1} 对输出门的权重矩阵;

　　　b_{io}、b_{ho}——相应的偏置项。

输出门的输出 o_t 决定了当前时间步记忆单元的信息在最终输出中的贡献。当 o_t 接近 1 时,表示保留所有记忆单元中的信息;当 o_t 接近 0 时,表示减弱记忆单元中的信息对最终输出的影响。

6.3.3.6　流量分配结果评估

利用 TensorFlow 搭建 LSTM 神经网络分配模型,并设置隐藏层、学习率、激活函数等参数,交通分配模块选取均方误差(Mean Squared Error)评估分配偏差。

$$\text{MSE} = \frac{1}{N}\sum_{i=1}^{N}(y_i - \hat{y}_i)^2 \tag{6-15}$$

式中: $\hat{y}_i$——第 i 个路段流量分配值;

　　　y_i——第 i 个路段流量真实值;

　　　N——路段流量总数。

6.4 高速公路出行诱导标志布设技术研究

本节主要阐述如何依据出行诱导标志布设原则和出行诱导标志布设选址模型进行诱导标志布设。

6.4.1 高速公路出行诱导标志布设原则

高速公路出行诱导标志布设需考虑多个因素,以确保驾驶员能够清晰、准确地理解交通信息。布设主要原则包括:

(1)交叉路口和出口标志:在高速公路上,交叉路口和出口是重要的导向点,标志应当在这些位置布设,以引导驾驶员作出正确的行驶决策。

(2)距离和可视性:标志的布设应考虑到距离,确保驾驶员有足够的时间来作出反应。此外,标志应当放置在能够被驾驶员清晰看到的位置,考虑到路段的弯曲度和可视性受限的情况。

(3)标志的图形和文字:标志的图形和文字应当简明扼要,易于理解。使用国际通用的交通标志符号,并确保文字信息简单明了。

(4)车道划分:在需要变更车道的地方,应设置标志来提醒驾驶员,并在合适的位置标示车道划分信息。

(5)限速变化:标志应当提醒驾驶员即将进入的路段的限速变化,以确保他们能够及时调整车速。

(6)紧急情况和服务区:标志应当标示出紧急情况设施和服务区的位置,以提供必要的信息和方向。

(7)天气和光照条件:考虑到不同的天气和光照条件,标志的设计应当使其在各种环境下都能够清晰可见。

(8)导向系统一致性:高速公路上的诱导标志应当保持一致性,遵循导向系统的设计原则,使得驾驶员能够轻松理解和遵循导向系统。

6.4.2 高速公路出行诱导标志选址模型

在高速公路上每个 VMS 的影响区域是有限的,这意味着并不是每个 VMS 都能对路网中的所有驾驶员产生影响。每个 VMS 的有效影响区域取决于其放置的位置、可见性以及驾驶员的行驶速度等因素。定义路段 i 的交通信息量为该路段交通事件的发生率 q_i,$q_i \in [0,1]$。由于 VMS 布设在不同的路段上,不同路段的交通事件发生率不同,这样每块 VMS 所显示的道路信息量也是不同的。为更好地评估 VMS 布设在不同路段上所带来的不同效益,用路段诱导强度 β_{ra} 表示在路段 a 上布设 VMS 对路径 r 上驾驶员的诱导效果,β_{ra} 可用路径 r 上路段 a 的所有下游路段的信息量之和来表示,即:

$$\beta_{ra} = \sum_{i \in S_{ra}} q_i \qquad (6\text{-}16)$$

式中:S_{ra}——路径 r 上路段 a 的所有下游路段集合,也就是布设在路段 a 上 VMS 的有效诱导路段。

布设 VMS 的目的在于让更多的驾驶员获得充分的交通诱导信息,定义每块 VMS 的诱导效益为经过此 VMS 的路径流量 f_r 和该 VMS 的诱导强度 β_{ra} 的乘积。可采用如下优化模型来描述:

$$\begin{cases} \max F = \sum_{r \in R} \{\max(\beta_{ra})f\} \\ \sum_{a \in A} Z_a = l \\ Z_a = 0,1 \\ a \in A \end{cases} \qquad (6\text{-}17)$$

式中:R——路网中所有路径集合;

A——所有路段集合;

l——用于布设的 VMS 数量;

Z_a——0-1 变量,即路段 a 上布设 VMS 时,$Z_a = 1$,否则 $Z_a = 0$。

根据上面的模型,不同路段上布设 VMS 产生的效果不一样,此外,发生交通事件的路段距离其上游布设 VMS 路段的距离不同,则交通诱导信息的有效性也是不同的,涉及信息衰减问题。如在距离布设 VMS 路段较远的下游路段,当车辆经过时,交通情况可能发生了改变,原先拥堵的路段不再拥堵,交通事故对交通流的影响已经清除等。当驾驶员在布有 VMS 的路段上看到交通诱导信息后,到达下游路段的时间越长,交通状况变化的可能性就越大,信息的有效性就会下降。

距离布设 VMS 的路段越近,信息衰减性越小;反之,信息衰减性就越大。用 $e_{a,k}^r$ 表示在路径 a 上的交通信息对于下游路段 k 上的信息衰减因子,$e_{a,k}^r$ 取决于车辆从 VMS 布设点到下游路段 k 的平均行程时间 t。引入信息衰减因子后,路径上 VMS 的效益可定义为各个 VMS 在有效诱导路段上的效益之和,上面的优化模型可改进为:

$$\max F = \sum_{r \in R} f(\sum_{a \in A} Z_a (\sum_{k \in B} q_k e_{a,k}^r))$$

$$\begin{cases} \sum_{\alpha \in A} Z_a = l \\ Z_a = 0,1 \\ a \in A_r \end{cases} \tag{6-18}$$

式中：A_r——路径 r 上的路段集合；

e_a^r——路径 r 上在路段 a 上布设 VMS 之后的有效诱导路段集合。

6.5 本章小结

本章首先从出行路径选择算法研究、诱导设施布设优化、诱导信息对出行者行为影响三个方面对高速公路出行诱导技术研究进行文献综述，其次详细阐述了高速公路出行诱导信息内容和诱导发布方式，而后构建了基于四阶段的交通流分配模型和车辆轨迹机器学习模型，为高速公路出行诱导研究提供了基础支撑。最后，本章研究了高速公路出行诱导标志布设技术，构建了出行诱导标志选址模型。

本章参考文献

[1] ABBAS M, MCCOY P. Optimizing variable message sign locations on freeways using genetic Algorithms [C]. Transportation Research Board 78th Annual Meeting. Transportation Research Board, 1999.

[2] CHIU Y C, HUYNH N, MAHMASSANI H S, Determining optimal locations for VMS's. under stochastic incident scenarios [C]. Transportation Research Board 80th Annual Meeting, Transportation Research Board, 2001.

[3] 赵敬洋,郭明飞,郭海锋,等. 基于典型行车路线理论的城市交通中诱导屏选址优化方法研究[J]. 浙江工业大学学报, 2010, 38(5):586-590.

[4] 李梦凡. 交通信息诱导下个体出行选择行为研究[D]. 合肥:合肥工业大学, 2018.

[5] 李梦,黄海军. 基于后悔理论的出行路径选择行为研究[J]. 管理科学学报, 2017, 20(11):1-9.

[6] 汤文蕴. 基于 GPS 数据的通勤出行路径选择行为研究[D]. 南京:东南大学, 2017.

[7] 李悦. 城市交通诱导可变信息标志关键问题研究[D]. 北京:北京交通大学,

2007.
[8] 龚奎,李苏剑,刘启生.驾驶员分类的路径诱导系统及评价指标[J].武汉理工大学学报,2013,35(1):75-81.
[9] 龚奎.城市交通诱导与控制的融合研究[D].北京:北京科技大学,2015.
[10] 俞灏.动态交通条件下交通诱导与信号控制协同研究[D].南京:东南大学,2016.
[11] 徐凌慧.高速公路混合交通流匝道协同控制策略研究[D].南京:东南大学,2022.
[12] 谷健.基于RFID数据的城市交通流动态路径诱导研究[D].南京:东南大学,2017.
[13] 卿文华.基于边缘计算的交通诱导系统设计与实现[D].成都:西南交通大学,2022.
[14] 王志建.基于动态GPS信息的诱导平台关键技术研究[D].长春:吉林大学,2011.
[15] ABBAS M,MCCOY P.Optimizing variable message sign locations on freeways using geneticAlgorithms[C].Transportation Research Board 78th Annual Meeting,TransportationResearch Board,1999.
[16] 白静.基于动态交通流信息的城市交通突发拥堵控制与诱导研究[D].秦皇岛:燕山大学,2018.
[17] 周杨.基于深度学习的城市个体出行动态路径诱导方法研究[D].北京:中国人民公安大学,2022.
[18] 刘鹏飞.基于实时交通信息的驾驶出行路径诱导方法研究[D].桂林:桂林电子科技大学,2022.
[19] 尚华艳,黄海军,高自友.基于元胞传输模型的可变信息标志选址问题研究[J].物理学报,2007(8):4342-4347.
[20] 韩直,徐冲聪,韩嵩乔.基于短时交通流预测的广域动态交通路径诱导方法[J].交通运输系统工程与信息,2020,20(1):117-123,129.
[21] 文孟飞.城市智能交通系统交通流协同优化与诱导关键技术研究[D].长沙:中南大学,2013.
[22] 徐建闽.智能交通系统[M].北京:人民交通出版社股份有限公司,2014.
[23] 郭义戎.基于城市道路交通数据的交通流短时预测与诱导方法研究[D].兰州:兰州理工大学,2021.
[24] 于尧.基于出行者行为的动态交通分配建模与实现[D].长春:吉林大

学,2014.

[25] 张伟.智能交通系统及发展趋势[J].辽宁工程技术大学学报,2005(3):77-79.

[26] 张振东,智能交通系统概述及国内外发展状况[J].科学之友,2010(6):97,99.

[27] 欧冬秀.交通信息技术[M].上海:同济大学,2014.

[28] 王文逾.高速公路可变情报板的设计与功能[J].科技情报开发与经济,2005(16):225-226.

[29] 周家祥.可变情报板关键问题研究[J].华东公路,2011(3):90-93.

[30] 花伟,林柏梁.基于可变情报板发布车流诱导信息的研究[J].交通运输系统工程与信息,2006(4):34-36.

[31] 高峰,王明哲.诱导信息下的路径选择行为模型町[J].交通运输系统工程与信息,2010,10(6):64-69.

[32] 李先进,花伟.可变情报板对交通安全的影响分析[J].中国安全科学学报,2005(8):76-78,115.

[33] 关伟,闫学东,赵小梅,等.区域交通网络化智能诱导控制技术[M].北京:电子工业出版社,2015.

[34] 张荣辉.可变信息标志选址及其对路网交通流分布的影响研究[D].西安:长安大学,2020.

[35] 赵文静.基于驾驶行为的VMS交通诱导信息的优化研究[D].西安:长安大学,2017.

[36] 侯晓宇,刘文峰,杨毅.基于VMS的图形信息现状研究[J].公路交通科技,2012,29(7):118-123,138.

[37] 倪富健,刘志超.可变交通信息牌的最优分布模型[J].信息与控制,2003(5):395-398.

[38] 谢忠金.可变信息标志选址研究[D].重庆:重庆交通大学,2018.

[39] 滕鲁.VMS作用下驾驶员路径选择行为建模与仿真[D].长春:吉林大学,2011.

[40] 周丽珍.VMS信息作用下的驾驶员路径选择行为研究[D].天津:天津大学,2015.

[41] 孙椋.VMS对驾驶员路径选择行为的影响研究及效果分析[D].北京:北京交通大学,2017.

[42] 曹亚康.VMS下驾驶员路径选择行为分析与建模[J].交通信息与安全,

2016,34(6):96-101.

[43] 干宏程.VMS诱导信息影响下的路径选择行为分析[J].系统工程,2008,(3):11-16.

[44] 周杨.基于深度学习的城市个体出行动态路径诱导方法研究[D].北京:中国人民公安大学,2022.

[45] 王闪闪.网联环境下干线公路交通诱导方法研究[D].南京:东南大学,2022.

[46] 张继荣,袁晓洁.基于改进蚁群算法的交通最优路径方法研究.计算机测量与控制,2016,24(6):271-273,285.

[47] 熊超文.蚁群算法的改进及其在路径规划中的应用研究[D].重庆:重庆邮电大学,2020.

[48] 王华.改进Dijkstra算法的城市道路最短路径仿真研究[J].测绘科学,2013,38(4):149-151.

[49] 康宁.基于改进Dijkstra算法的煤矿井下应急路径规划研究[D].陕西:西安科技大学,2020.

[50] 周越,朱希安,王占刚.Dijkstra算法在矿井水灾动态避灾路径中的改进与应用[J].煤炭工程,2019,51(3):18-22.

[51] 李元臣,刘维群.基于Dijkstra算法的网络最短路径分析[J].微计算机应用,2004(3):295-298,362.

[52] 王钰.基于海量轨迹数据的动态交通诱导技术研究[D].广州:华南理工大学,2018.

[53] 吴学新.基于流量分析的高速公路可变信息标志优化选址研究[D].天津:天津大学,2018.

[54] 刘梦杰,朱希安,王占刚.基于双向A*算法的矿井水灾逃生路径应用研究[J].煤炭工程,2019,51(9):42-47.

[55] 刘斌,陈贤富,程政.一种基于A*算法的动态多路径规划算法[J].微型机与应用,2016,35(4):17-19,26.

[56] 杨兆升.城市交通流诱导系统[M].北京:中国铁道出版社,2004.

[57] 孙晓梅.多源交通信息下的动态路径选择模型与方法研究[D].长春:吉林大学,2011.

[58] 徐天东,郝媛,孙立军.群体诱导信息下驾驶人响应行为的辨识与建模[J].同济大学学报:自然科学版,2013(11):1706-1711.

[59] 李锐东.交通信息平台研究[D].西安:长安大学,2008.

[60] 李梦洁.面向可变目的地的交通动态诱导方法及应用研究[D].桂林:桂林电子科技大学,2021.

[61] 应欣志.区域高速公路网交通状态判别与主动诱导方法研究[D].西安:长安大学,2023.

[62] 王闪闪.网联环境下干线公路交通诱导方法研究[D].南京:东南大学,2022.

[63] 黎顺虎.移动互联环境下交通出行诱导路径评价分析方法[D].桂林:桂林电子科技大学,2023.

第7章 数据驱动的高速公路精细化运营管理

随着出行方式选择的多样化,交通运输行业的竞争也愈加激烈。为增强企业自身竞争力,各高速公路运营管理企业相继提出"精细化运营管理"的策略,力求提质增效,使企业在激烈的市场竞争中能占有一席之地。本书主要从高速公路服务能力影响因素分析及提升策略、精准化营销理论及方法、收费管理策略以及定价方法等三个方面进行介绍。

7.1 高速公路服务能力提升方法与策略

7.1.1 高速公路服务水平影响因素分析

高速公路服务水平影响因素主要包括道路特性、收费服务、服务区服务、运行信息与管理服务以及安全应急服务因素等。

(1)道路特性因素。

道路状况良好是高速公路提供其他服务的先决条件,道路状况将会影响到车辆的快速、安全行驶,一旦道路技术状况不良,不仅威胁快速行车、安全行车,还将导致高速公路其余路段使用率降低,影响高速公路服务质量。反映道路状况的指标主要有4个,包括道路行驶舒适度、行车通畅性、道路防护设施完好度、道路景观协调性。

①道路行驶舒适度:指驾驶员和乘客在行驶中的舒适度。道路是否平整、整洁,将会影响到车辆是否能畅通无阻地运行,进而影响到乘客的满意度。

②道路行车通畅性:高速公路具有通行能力大、行车速度快等优点,能够保障车辆高效通行。但交通事件、恶劣天气等是影响高速公路行车通畅性的威胁。

③道路防护设施完好度:交通沿线设施是保证车辆安全行驶的一个重要因素。例如,护栏可以在车辆发生碰撞时防止车辆冲出公路,减少对乘客的伤害及车辆的损坏;隧道照明设施能够有效避免进出隧道的"暗适应"与"明适应"。

④道路景观协调性:指道路两侧绿化程度以及自然景观与人文景观的协调度。道路两旁绿化带具有减轻污染、降低噪声的作用,还能提供良好的视觉效果,使人心情舒畅,保证驾驶员与乘客在行驶过程中有愉悦的感官体验。

以上指标比较全面地反映了高速公路道路特性,通过这些指标可以了解到目前的道路状况处于何种服务状态,并为高速公路道路服务的改善提供依据。

(2)收费服务因素。

高速公路收费目的在于能够最大程度发挥高速公路的能力——快捷性、高效性、安全性、舒适性以及为高速公路网提供资金保障。收费是否高效、收费站布局是否合理、设备是否先进,将直接影响高速公路交通运行状况。反映收费服务的指标有5个,具体包括ETC车道车辆通过时间、人工收费车道车辆通过时间、收费站出入口方便可达性、收费站服务水平、在车辆高峰情况下收费站应急疏通能力。

①ETC车道车辆通过时间:指车辆减速进入收费站和加速离开所需的时间。

②人工收费车道车辆通过时间:包括车辆等待收费时间和收费时间。

③收费站出入口方便可达性:指车辆进入或驶出高速公路的路口,能很好地与外围道路连接。若出入口的可达性不良,顾客对于服务可靠性的感知可能会有降低的倾向。因此,合理地设置高速公路出入口也是很重要的一个因素。

④收费站服务水平:指收费站收费服务速度快、准确度高,节省顾客的时间。此外,收费站是否会提供一些增值服务,比如货车散热器加水、货物配送等。

⑤在车流高峰情况下收费站应急疏通能力:指在节假日、周末、早晚高峰车辆拥堵时,收费站疏解拥堵的能力,面对拥堵是否有应对方案。

收费服务是组成高速公路服务的一个重要环节,也是人们较为关心的一部分,收费服务效率低,将会影响人们的出行感受,延误出行时间。

(3)服务区服务因素。

高速公路的封闭性导致路上的车辆无法接受外界服务,因而只能接受高速公路提供的服务,服务区是高速公路为行驶的车辆提供落脚休息的地方,所以服务区服务在高速公路服务中占有重要的地位,需要管理好服务区提供的服务。

反映服务区服务的指标有5个,包括服务区停车服务、服务区公共厕所服务、服务区商品价格合理性、服务区安全状况、服务区工作人员服务态度。

①服务区停车服务:指用户进入服务区休息时能较快地找到停车位。驾驶员和乘客最关心的问题就是停车问题,车位如果不充足,车辆无法长时间停靠,驾驶员和乘客就无法在服务区得到休息,同时也就不能享受服务区的其他服务,因此提供充足方便的停车位是服务区基本服务功能之一。

②服务区公共厕所服务:指无须排队等待上厕所,有残障人士专用的侧位,能考虑特殊人群需求,厕所卫生清洁、无异味。公共厕所是服务区内一个重要组成部分,也是使用人次较多的地方,所以公共厕所服务对服务区服务质量有较大的影响。

③服务区商品价格合理性:指超市以及餐厅商品的价格人们是否能接受。由于高速公路人为地阻碍与外界的联系,其商品价格必然会比市场价格高,但其价格要在人们的接受范围内,让用户愿意消费,价格高得离谱,会影响顾客对高速公路服务质量的评价,服务区商品的价格应该尽量做到同城同价。

④服务区安全状况:出行在外,人们最在意的就是人身和财产安全,服务区要保证旅客的生命和财产安全。

⑤服务区工作人员服务态度:指服务区工作人员态度是否良好。工作人员的态度是用户较为在意的,良好的服务态度将会提升人们对高速公路的认同感。

(4)运行信息与管理服务因素。

高速公路运行信息与管理会涉及人们的出行选择以及道路的正常运行,对高速公路服务质量有重要影响,及时发布的道路运营信息和良好的道路管理服务,可以充分发挥高速公路的优势和作用。反映运行信息与管理服务的指标有4个,包括道路交通标志标线清晰明确性、道路路线诱导标志是否明显、路况信息提供及时性、路段限速设置合理性。

①道路交通标志标线清晰明确性:指安装在道路两侧的交通设施是否清晰明了、易看到。道路交通标志标线能够约束驾驶员按规定驾驶,减少交通事故的发生,为驾驶员和乘客提供信息,是保证交通顺畅的一个重要因素。

②道路路线诱导标志是否明显:指道路指路诱导标志在驾驶员行驶时能否清晰看到,使车辆按照规划行驶,保证顾客的行驶路线正确,正确的道路指示诱导标志是交通畅通的一个重要因素。

③路况信息提供及时性:指高速公路通过车载广播、沿线电子可变信息标志等途径及时主动地为驾驶员提供路况、天气等相关信息。路况信息是高速公路

安全行车的重要保证,高速公路服务站扮演着道路出行者出行指南的角色,及时地为驾驶员提供路况信息,使其了解各路段行车情况,提前改变行驶路线,确保出行者能安全、快捷到达目的地,这也是高速公路运营者在不同情况下响应服务能力的一种表现。

④路段限速设置合理性:指与道路实际运行情况相适应,在限速区域内是否出现限速值"忽高忽低"现象,是否缺乏速度值的平稳过渡。道路限速值设计不合理,无法形成稳定的交通流,忽高忽低的限速值也将会导致交通事故频发,造成无法估量的损失。对道路进行合理的限速已成为交管部门重要工作之一,通过速度管理手段预防交通事故的发生,减少因超速导致的交通安全问题,同时也是保障良好运行秩序、提高道路交通运行效率的重要手段。

高速公路的运行信息与管理服务是高速公路服务质量的重要影响因素,高效、完善的管理体系将为高速公路运行提供一个良好的行车环境,将充分发挥高速公路的功能,减少交通事故的发生。

(5)安全应急服务因素。

安全应急服务是高速公路服务的重要组成部分,用户在高速公路行驶过程中出现状况时,安全应急服务可以使其受到的影响降至最低。安全应急服务主要是应急救援服务,包括对伤亡人员的及时送医救治、对事故车辆的拖救以及及时恢复事故车道的通行能力,减少二次事故的发生。

反映安全应急服务的指标有4个,包括道路清障与救援及时性、客服热线响应及时性、应急事件处理能力、紧急避险车道设置合理性。

①道路清障与救援及时性:指道路发生交通事故时救援人员的出警速度以及道路清障的速度。在高速公路封闭区内发生交通事故等突发状况,外界救援人员很难进入高速公路,这就需要高速公路本身拥有强大的救援能力。高效的救援效率,可以减少人们的财产损失以及人员伤亡,道路清障的及时能够保障公路快捷、安全、高效地运行。

②客服热线响应及时性:指当驾乘人员在高速公路上遭遇车辆故障或遇到问题需要向客服寻求帮助时,客服人员能及时响应并有效解决驾乘人员的问题,在用户遇到问题时能及时响应并给出指导性建议,可以有效提高高速公路服务质量,获得用户的较高评价。

③应急事件处理能力:能较快地处理道路上发生的各种事故,能较快地恢复车道的通行能力,对于事故车辆能及时拖救。

④紧急避险车道设置合理性:指紧急避险车道是否足够长,以及紧急避险车道的位置是否合理。紧急避险车道的设计尤其重要,合理设计紧急避险车道能

够有效提高高速公路的服务质量。

道路出行者在高速公路遇到事故或车辆出现状况时,高速公路管理部门能较快地处理,具有面对各种事故的方案,能及时有效地解决问题,最大程度减小顾客的损失,可增加顾客的满意程度,提升高速公路的服务质量。

7.1.2 高速公路服务水平提升方法

高速公路运营管理部门为客户提供的服务包括在途服务以及服务区服务两大类,其中在途服务包括信息服务、道路救援服务、商业营销服务、观光旅游服务和物流货运服务;服务区服务包括生活便捷服务和车辆服务。下面将对两类服务进行详细介绍。

(1)在途服务。

①信息服务:高速公路实时路况查询、清障路损信息查询、导航信息查询、油价信息查询、通行费估算等。

②道路救援服务:通常包括为故障车辆提供拖吊、换水、充电、换胎、送油以及现场维修等服务。

③商业营销服务:发票开具、广告开发等商业服务。

④观光旅游服务:通过与相关旅游公司合作,提供相关旅行团出行、地接及车友团自驾服务。

⑤物流货运服务:网络货运、企业信用评价、先行后付等服务。

(2)服务区服务。

①生活便捷服务:卫生间、开水间、特色餐厅、便利店、基础住宿、当地特色农副产品直销、旅游推荐、物流配套、客运接驳、ETC 充值、ATM 自助取款机、直升机停机坪、救护医疗站。

②车辆服务:停车、寻车和导航服务,以及车辆救援、小型维修服务、智能洗车服务、房车补给、加油站、快速充电桩、加气站。

7.2 高速公路服务精准化营销策略与方法

7.2.1 精准化营销相关理论概述

本节主要针对营销的一些基本理论进行介绍,并结合高速公路企业的相关实践工作详细剖析精准化营销策略的理论难点,便于读者理解。

(1)服务营销理论及高速公路市场实践。

①市场概念。

从市场营销的概念出发,市场是一切商品交换活动的总和、一切买卖的总和、商品供给和商品需求及其相互作用所实现的商品流通的总和。市场经济,是指生产要素的配置以市场方式为主的一种经济体制。市场规模是指需求者有能力支付且愿意支付产品的人数数量。

高速公路市场则是指具有公路需求的顾客和潜在消费者对运行速度以及距离具有高质量要求的市场。

②差异化营销理论。

随着经济的全球化发展,企业营销不再仅追求向客户传递同质化信息,而是追求差异化营销,即寻找与其他竞争对手的不同。差异化营销的发展路径是:竞争差异化—定位差异化—顾客价值差异化。

a.竞争差异化。

竞争差异化出自波特教授的发展战略理论[20],指的是独特于竞争对手的产品或服务,进而获得市场领先优势。竞争差异化理论出现后被广泛应用,包括产品、服务等多方面的差异化。

b.定位差异化。

定位差异化是指产品核心独特于竞争对手的定位,一般来说是指品牌效应,也就是培育面向高速公路服务对象的运营服务产品品牌。

c.顾客价值差异化。

顾客价值差异化是指为顾客量身打造某项产品,以充分区分与其他顾客的不同,侧重于满足顾客的特殊需求。对于高速公路运营管理单位来说,需要针对不同的竞争对手制定相应的发展策略,并对自己的竞争产品进行精准定位,便于为不同类型的顾客量身打造符合需求的产品。

③7P理论。

营销组合理论中比较著名的是7P理论,适用于有形产品或服务业等无形产品。7P理论包括产品策略(Product)、价格策略(Price)、渠道策略(Place)以及促销策略(Promotion)、人本策略(People)、过程控制策略(Process)、有形展示策略(Physical evidence)。

一是产品策略(Product)。产品是指在市场中为满足消费者欲望而提供的一种物品。根据波特教授的发展战略理论,产品是具有生命周期,包括导入期、成长期、成熟期以及衰退期。产品生命周期如图7-1所示。

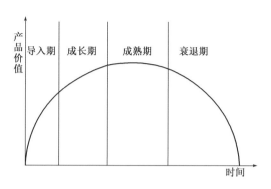

图 7-1　产品生命周期

导入期是指产品刚进入市场时,产品销售量增长较为缓慢;成长期是指产品已在市场中销售了一段时间,已被顾客所接受,产品销售量开始增加;成熟期是指市场上产品都是同质化的,销售量增长乏力,已出现衰退趋势;衰退期是指产品已经被社会所淘汰。

产品策略包括了产品组合策略,即所有产品线的集合,具体包括产品线的宽度、长度、深度。其中,产品线的宽度是指具有多少产品线;产品线的长度是指某线产品一共包括多少产品;产品深度是指每个产品的变化幅度。产品策略主要是指能否满足目标市场的消费者需求。

二是价格策略(Price)。营销策略中最重要的是价格策略的制定。价格的制定涉及企业利润、顾客的忠诚度以及竞争对手的反击程度。其中,合理的价格是企业获得盈利的主要因素,价格体现了顾客在购买的过程中愿意支付多少金钱以换回等价的产品。因此,有效、合理的价格策略是企业营销的核心。图 7-2 展示了价格策略制定过程。从图中可看出,企业首先需要对市场进行充分的调研,了解价格市场弹性、竞争对手反击程度以及产品生产成本,从而制定企业价格策略。此外,企业还需要了解顾客的目标,以制定价格策略方针。

高速公路运营服务的价格策略主要体现在高速公路收费标准的制定上。高速公路收费定价涉及政府、道路使用者和运营者等多方利益,需要综合考虑成本、收益、交通量、污染排放等因素。目前主要的高速公路收费定价模式包括基于级差效益的定价模式和基于成本的定价模式。基于级差效益的定价模式考虑的是道路使用者的利益,目的是让道路使用者通过支付通行费用换取运输量增加、运输成本降低、运行距离减少、运行时间节约等道路使用效益。基于此种模式,陈传德等[21]考虑了车辆在途时间、维护费用等因素,对高速公路的收费定价进行计算;安乔治等[22]将道路使用者的收益影响因素分为时间节省、油耗降低和安全性提高三个方面,构建了高速公路收费定价模型。基于成本的定价模式考虑的是道路经营者的利益,目的是实现道路建设项目及运营的收支平衡。基于此种模式,曾光辉[24]对高速公路的建设、运营和养护成本以及投资收益进行分析,设计了高速公路基准收费定价模型。单一的定价模式仅考虑了道路使用者或出行者其中一方的利益,为了考虑多个主体的利益,Li 等[25]、张欢等[26]、魏连雨等[27]建立了双层规划模型来描述高速公路的收费定价问题。

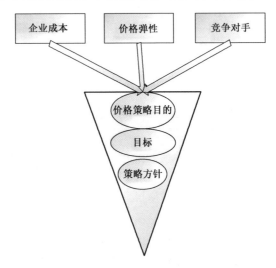

图 7-2　价格策略制定过程

三是促销策略(Promotion)。促销是企业为了说服潜在消费者进行购买的一种行为。促销又可分为广告促销、销售促销、公共关系促销、人员促销以及直接销售。五种促销方式中,广告促销是最常见的促销方式,广告的促销效果也决定了企业的产品的销售量。销售促销则是利用各种折扣刺激消费,但需要企业认真评估促销方案,以保证短期内的销售量达成利润目标。公共关系促销旨在提升企业品牌效应,为企业带来更多的利润。直接销售可以使顾客更能体会到产品的直接价格。人员促销是企业最常用的销售模式,不仅能让顾客直观了解产品,更能刺激客户购买欲望。为了刺激用户数量增长,高速公路运营管理部门和运营管理单位往往采用通行费打折的方式吸引用户选择高速公路出行。用户通过计算自己使用高速公路的费率以及优惠幅度判断是否能够使自己综合收益最大化,并据此判断是否选择高速公路出行。

四是人本策略(People)。人本策略是指提供服务并将服务以持续不断的、可接受的形式传递给顾客的重要因素。服务就是人员提供非实物形态劳动的过程。消费者也就是通过企业员工提供的服务来评价其好坏的。人本策略要素包括两个方面的内容,即服务人员和顾客,他们共同实现传递与接受服务的角色。目前高速公路为满足旅客出行需求,提供静态与动态路况信息以及其他增值服务,如救援、车友、保险、加油、维修、餐饮、旅行等,通过专业的信息平台加工、服务的聚合和提供有效、及时、综合的出行信息,为用户提供良好的体验,吸引大众持续选择高速公路出行。

五是过程控制策略(Process)。当同时生产和提供服务时,过程的管理能保证服务的可得性和稳定的质量。若无良好的过程管理,要平衡服务的需求与服务的供给是极其困难的。服务不能储存,所以必须寻找处理高峰需求的办法,寻求在不同水平上最大限度地满足不同顾客的不同需求的方法。目前随着高速公路网的不断扩大,人们更加注重服务质量,为此,高速公路的服务质量以及顾客满意度需要相关的机制进行调查和监督,便于高速公路运营管理单位不断提升服务质量,从而达到引流效果。

六是有形展示策略(Physical evidence)。商品与服务本身的展示亦即使所促销的东西更加贴近顾客。有形展示的重要性在于顾客能从中得到可触及的线索,去体验所提供的服务质量。因此,最好的服务是将无法触及的东西变成有形的服务。目前,高速公路针对物流运输企业提供相关运营服务,例如货源匹配、货物集散以及电商云仓等服务,相关服务的提供,使物流企业的订单量显著提升,且空车率有所减小,运输成本也显著降低。

(2)消费者行为理论。

营销策略的核心是引领消费者产生购买欲望。因此,营销策略要充分了解消费者行为,不论是购买决策行为还是后续的体验心理行为,都会进一步为企业增加销售量。

①消费者行为内涵。

消费者行为体现在消费者在购买、使用产品或服务的过程中消费者的一系列行为。一般而言,消费者行为包括两部分:一是在购买决策时,消费者在购买决策过程中会发生一系列的心理活动变化,属于消费者对产品态度的认知过程;二是在购买行动时,消费者将购买欲望转换为实际行动的过程中会产生心理活动,具体包括消费者对产品购买的满足感以及消费者对产品体验的心理感受。

②消费者行为特点。

消费者的行为是追求自身效用最大化。消费者的心理特征表现为利用最小的成本购买最大价值的产品或服务,以最大程度满足心理的利益诉求。然而,由于地区经济、文化等方面的差异,消费者的消费能力和消费偏好也呈现出多样化特征。一般来说,消费者会在需求、消费行为、消费时间等方面表现出显著的差异性。消费者的消费行为是影响消费者购买产品的重要因素,消费者的消费行为呈现出多元化特征,消费者的自身行为会影响消费者对产品的购买行为。

③STP(Market Segmenting Targeting and Positioning)理论。

STP理论是针对营销环境进行分析,依据消费者的消费行为特征,分析哪些服务能提高消费者的购买欲望,分析过程包括如下三步:

第一步,市场细分(Segmenting),根据购买者对产品或营销组合的不同需要,将市场分为若干不同的顾客群体,并勾勒出细分市场的轮廓。

第二步,确定目标市场(Targeting),选择要进入的一个或多个细分市场。

第三步,定位(Positioning),在目标市场顾客群中形成一个印象,这个印象即为定位。

具体来说,STP理论如图7-3所示。

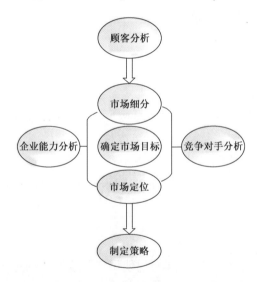

图7-3　STP理论

一是市场细分。市场细分是指按照一定的标准对市场进行划分,具体来说可从消费者行为、产品质量、服务等方面进行划分。市场细分是企业制定营销策略的核心,市场细分能使企业增加对消费者的了解,也有助于企业发现目标市场,关注产品销售现状等,从而为企业营销策略的制定奠定基础。具体而言,市场营销的标准可包括人口、地理、行为、需求等变量,并且不同的标准对市场的划分程度不同。可见,市场细分是STP理论分析的起点,市场细分也决定了企业未来的目标市场选择。而判断市场细分是否有效可按照盈利性、可行性以及消费性等方面,市场细分方法则包括聚类分析、联合分析等方法。

二是目标市场。企业在进行市场细分后,则企业应当选择目标市场。目标市场决定了企业在该市场中是否能获得利润,企业应结合发展战略以及现有资源,选择具有一定特征的客户群体,并制定营销策略。选择目标市场的过程是决定企业营销目标,可根据消费者诉求,避开红海市场,选择蓝海市场,确定企业目标市场的选择方向,结合企业资源实力、产品服务等方面,超越竞争对手,占据目标市场的市场份额。

三是市场定位。企业在选择目标市场后,需要为产品选择一个有利的市场定位,以便消费者能清楚地选择该产品。市场定位是企业获得市场份额、超越竞争对手的关键行为,一般来说,企业在选择市场定位时会充分了解竞争对手的产品与服务,同时根据消费者的需求,设计产品服务,从而塑造企业产品特征,以吸引更多的潜在消费者。有效的市场定位则是需要进行差异化营销,即企业要将产品或服务明显区别于竞争对手,以便更好地满足消费者的需求,创造其他企业不涉及的价值。具体来说,市场定位工作一般包括明确企业竞争优势,选择核心竞争优势,传递市场定位信息。企业通过市场定位后则会开始涉及营销组合,此时会结合客户需求以及企业自身资源,选择企业最有利于向顾客传递的信息组合。

STP 理论是建立在消费者行为分析的基础上,基于消费者行为理论制定营销策略,为企业带来最大化利润。STP 理论分析的前提刚好是对消费者行为的判断,对消费者行为的研究有助于企业从产品生产、价格、渠道以及促销等方面设计合理的营销策略,进而可以动态反映企业营销情况,有助于为产品精准投放市场提供基础,增强企业市场竞争力。

(3)案例。

①案例一。

山东高速集团有限公司通过对企业现场座谈、货运公司走访、服务区问卷调查等收集的材料进行分析,研究货运车辆驾驶员路径选择的影响因素。通过分析发现,影响货运车辆路径选择的因素主要包括运输成本、时效要求、运输货物类型、车辆类型、服务水平、路网熟悉程度、货源匹配情况等。下面对相关影响因素进行的具体分析。

a.运输成本。

运输成本是决定路径选择的重要因素,运输成本主要分为固定成本和非固定成本。其中,固定成本是无论选择何种路径都会产生的费用,如燃油费用、时间成本、轮胎及机件磨损费等,由于高速公路与普通国省道道路状况差异,固定费用也有所差别。非固定成本主要是可能产生的费用,如通行费、道路阻塞成本、安全事故损失费、清障救援费等。目前高速公路通行费普遍高于普通国省道,在货物运输时效性不强或者运输距离较短的情况下,高速公路节约的时间效益无法充分体现,驾驶员将优先考虑选择普通国省道,以降低运输成本。

对于部分突发情况可能造成运输成本增加,如车辆抛锚后的拖车费等清障救援费用,高速公路此类费用普遍高于普通国省道,车况欠佳的车辆一般不会选择高速公路出行。

从运输成本占收益比值的角度来看,在用户收益一定的情况下,随着道路收费水平的增加,车辆使用收费道路的比例和概率减小。对于高附加值货物,高速公路通行费用占据货物价值比例很低,此类货物对通行费用承受程度高,愿意通过支付一定的通行费用来换取便捷、安全的运输服务。

b. 时效要求。

运输任务的时效要求是影响车辆路径选择的一大因素,高速公路具有不可替代的高效性的优势,为满足运输任务的时效性提供了支持。如快递运输车、生鲜配送车等,会根据运送货物的时效要求和紧急情况,决定路径选择。

由于货物运输为派生需求,其市场运行状况受经济贸易影响,当货运市场低迷,运力市场处于供过于求的状态时,部分货运车辆将愿意牺牲时间成本,选择收费较低或不收费的普通国省道通行。

运输的高效使得驾驶员能够利用所节省的时间,进而产生时间效益之外的其他效益,这也是驱动驾驶员选择高速公路快速完成运输任务的因素之一。

c. 运输货物类型。

货物类型影响出行路径选择的机制为货物价值,包括货币衡量的经济价值和时间衡量的时间价值。当货物经济价值较高时,收费道路运输成本占货物经济价值比重低,此时,出行者会选择高速公路出行;当货物时间价值较高时,对出行时间要求严格,由于高速公路路况好、交通管理的可靠度高,出行者仍会选择高速公路出行。而当出行者认为高速公路运输成本占货物预估价值比重较高时,一般会选择不收费公路出行,例如钢材、化工原料及其制品运输等。部分货物性质特殊,如危险化学品运输,运输过程中首要考虑道路限行规定或可通行性。在超限监管方面,由于治超源头管控及高速公路收费站称重检测,货运车辆超载现象治理有效,货运车辆无法基于侥幸心理通过超载赚取额外利益以弥补高速公路通行成本。

d. 车辆类型。

不同车辆对道路通行条件有特殊要求,如车辆运输车、机电设备运输车等大型重型货车车身较长、转弯半径大,又因所载货物外形尺寸、规格不一、价值较高,出行路径选择的首要影响因素为道路通行条件及行程中货物的安全性,选择高速公路通行的比例较大。

e. 服务水平。

高速公路具有通行效率高、驾驶安全及舒适性高等特点,是吸引驾驶员选择高速公路的重要优势。高速公路服务区餐饮、加油、住宿等服务收费水平、服务区停车位供应情况等也是驾驶员路径选择考虑的因素,此外,交通信息提供的精确度水平、交通信息服务的覆盖面积等也在一定程度上诱导驾驶员选择不同的路径。

f. 路网熟悉程度。

路网熟悉程度主要包括对一个地区主要对外通道、道路等级、连通方式、通达性、收费站位置的了解和熟悉程度。路网熟悉程度直接影响出行者对路径选择自由度,当运输车辆对高速公路周围路网熟悉时,一些不愿意承担高速公路通行费用的驾驶员会绕行其他不收费或者收费较低的路径。而对路况不熟悉的驾驶员,对出行所在地区的道路网络、交通管控及通行状况较为陌生,在选择出行路径时,往往倾向于选择路况相对简单、路线相对固定的高速公路。

g. 货源匹配情况。

高速公路与配载市场的配套情况、货源市场的分布情况等也是影响货运车辆路径选择的因素,特别是货运车辆在返程时空载率较高,选择高速公路单一路径往往很难获取返程货物。

h. 其他。

除以上影响因素之外,驾驶员个人属性、社会经济环境、交通管理政策措施变化、天气环境变化、运输企业管理规定等也会影响货运驾驶员的路径选择,影响因素详情见表 7-1。

其他影响因素相关指标　　　　表 7-1

影响因素	指标
驾驶员个人属性	年龄、性别、驾龄、个体/企业
路径选择决定方式	驾驶人决定/公司规定
不良天气条件下路径选择倾向	高速公路/普通国省道

根据上述影响因素的分析,山东高速集团有限公司开发了"畅和通"App,为用户的出行提供了方便快捷的出行相关服务。

在运输服务方面,可提供如下服务:

网络货运服务。综合山东高速公路运力资源,实现驾驶员与货物的快速匹配,搭建货运交易服务平台。提高返程满载率、拓宽货源渠道、增加返程收益/降低空载成本。

全天候通行服务。开发高速公路通行码,通行管制时,车辆优先放行。降低时间成本、缩短运输时间。

便捷收费服务。现场交费、先行后付等多途径交费方式。通过付费时间差减缓经济压力,间接降低运输成本;减少缴费拥堵时间,提升运输时效性;提升便利化/服务水平。

在信息服务方面,可提供如下服务:

路况查询服务。提供本省以及邻省(河北、河南、江苏、安徽)高速公路路况查询。

多样化附加服务。主要包括救援、通行费估算、清障路损信息、油价信息、发票开具等服务。提升便民服务水平,便利出行者在出行前、出行中对路况、出行成本等方面的了解,以及在有突发情况时及时获得援助。

②案例二。

为提升高速公路服务营销的精准性,山东高速集团有限公司在对高速公路使用者进行问卷调查的基础上,细分服务市场,问卷内容包含性别、年龄、受教育程度、人员分类、职业、收入、驾驶车辆类型、出行目的、路径选择偏好以及收费敏感性等。通过调查结果分析,得出货运对收费以及时效性的敏感性更高,而客运对安全性、通行速度、行驶舒适度的敏感性更高。

对于目标市场,分别进行驾乘需求分析及车辆行驶路线引导分析。货车的主要作用是承担满足各行业及消费者所需生产、生活物资的物流运输,它本身是流通环节的一部分,而不是最终的消费者。因此,行车享受不是货运的第一需求,货运驾驶员更注重实际的经济利益,在追求最低成本的前提下满足行车过程的享受。货运驾驶员会根据托运方要求规划自己的行车路线,但总体原则是选择费用成本最低、时间成本最小、综合经济效益最佳的路线。山东高速集团有限公司针对以上特点制定方案:一是依托高速公路信息平台,搭建网络货运平台,通过提供高速公路沿线货源,降低货车空驶成本;二是探索货运车辆信用评价机制,通过先行后付、积分兑换等方式,降低行车成本。

对于客车来说,问卷分为了三种车型,分别为车长小于6m且核定载人数小于或等于9人、车长小于6m且核定载客数(10~19)人以及其他。客运的特点与货运不同,客运更注重行车体验和享受,对时间成本和过程中获得的价值更在意,对价格的敏感程度低于货运。针对这类客户群体,山东高速集团有限公司注重提高收费站、服务区的服务质量,开展温馨服务、微笑服务、增加特色服务,使乘客获得更好的体验和感受。

7.2.2　面向高速公路服务水平提升的精准化营销决策模型构建

本书基于交通流分配理论,研究高速公路车辆运行的路阻函数,并对相关参数进行求解,构建高速公路精准营销决策模型,研究车辆路径选择对于运营服务各因素的敏感性,进而分析相关措施效果,为精准化营销策略制定提供依据。

(1)路阻模型构建。

基于道路交通网络(如市域路网)交通分配路径的选择理论,提出如下路阻函数模型:

$$F_i = k_1 f_i(t) + k_2 f_i(c) + k_3 f_i(l) + k_4 f_i(s) - k_5 A_i + k_6 B_i \qquad (7-1)$$

式中: F_i ——路段 i 的总阻抗;

　$f_i(t)$ ——路段 i 的时间阻抗;

　$f_i(c)$ ——路段 i 的费用阻抗;

　$f_i(l)$ ——路段 i 的距离阻抗;

　$f_i(s)$ ——路段 i 的服务水平(行驶自由度、舒适度、安全性等);

　A_i ——路段 i 的优性服务因素(技术等级、平整度、沿途景观等);

　B_i ——路段 i 的劣性服务因素(事故率、最大纵坡度等);

　$k_1 \sim k_6$ ——参数。若路网中某 OD 点之间有 n 条路径,其中第 i 条可行路径由 m_i 条路段连接而成,则路径 i 的阻抗由式(7-1)进行累加推导可得:

$$F_i = k_1 \sum_{w=1}^{m_i} f_{iw}(t) + k_2 \sum_{w=1}^{m_i} f_{iw}(c) + k_3 \sum_{w=1}^{m_i} f_{iw}(l) + k_4 \sum_{w=1}^{m_i} f_{iw}(s) - k_5 \sum_{w=1}^{m_i} A_{iw} + k_6 \sum_{w=1}^{m_i} B_{iw} \qquad (7-2)$$

由以上公式可以看出,阻抗函数中既包含动态阻抗($f_i(t)$、$f_i(c)$、$f_i(s)$)又包含静态阻抗($f_i(l)$、A_i、B_i);既包含优性阻抗($f_i(s)$、A_i)又包含劣性阻抗($f_i(t)$、$f_i(C)$、$f_i(l)$、B_i)。

(2)相关参数标定。

①$f_i(t)$的计算。

包括路段上消耗时间和因收费引起的延误,其中因路段上的自身物理条件和交通流本身的特点引起的交通拥挤所导致的时间延误也包括在内。

$$f_i(t) = T_i + T_{si} \qquad (7-3)$$

$$T_i = \frac{t_0}{\alpha}\left[1 + \left(\frac{v_i}{c_i}\right)^\beta\right] \tag{7-4}$$

函数 T_i 是国家"九五"交通科技重点攻关项目"公路通行能力研究"中，结合我国大规模实际交通调查数据，对美国 BPR 函数进行重新标定建立的模型而得来的。其中 T_i 为路段 i 起终点间的路段行驶时间(min)；t_0 为基于设计速度的路段行驶时间(min)；v_i 为路段的交通量(pcu/h)；c_i 为路段的通行能力(pcu/h)；α、β 分别为回归参数与修正系数。

$$T_{si} = t_j + t_z + t_p - t_q \tag{7-5}$$

式中：T_{si}——由于一处公路收费所引起的时间延误；

t_j——车辆正常行驶减至进行排队的时间，计算公式为 $t_j = V_0/3.6a_1$；

V_0——正常行驶车速(km/h)；

a_1——减速度(m/s^2)，通常取 $a_1 = 2.5 m/s^2$；

t_z——车辆缴费后车速达到正常行驶车速的时间，计算公式为 $t_z = V_0/3.62a_2$；

a_2——加速度(m/s^2)，通常取 $a_2 = 1.5 m/s^2$；

t_p——车辆在收费站处平均等待时间；

t_q——无收费站时车辆按照正常车速通过收费站影响区域(通常定为 700m)所花费的时间(min)。

② $f_i(c)$ 的计算。

$$f_i(c) = x_{im}(W_{im} + B_i)L_i \tag{7-6}$$

式中：m——收费车型分类数，根据交通运输部的最新收费车型分类标准，把车型分为 5 大类，即 $m = 1 \sim 5$ 分别表示大、小客车和大、中、小货车；

x_{im}——路段上 5 类车型数量；

W_{im}——路段上述 5 种车型的收费率(元/km)；

B_i——路段 i 自由流量时 5 类车型的单位里程行驶费用(元/km)；

L_i——路段 i 的长度。

③ $f_i(l)$ 的计算。

$f_i(l)$ 为路段 i 长度，由实测或者道路施工资料可获得。

④ $f_i(s)$ 的计算。

可以参考美国服务水平标准，划分为 6 个等级。

⑤ A_i、B_i 的计算。

优性服务因素 A_i 是指数值越大或越多，出行者的满意程度就越高的因素，即"越大越优越"型，例如技术等级、舒适度、沿途景观等；相反，劣性服务因素 B_i 是"越小越优"型，例如事故率、最大纵坡度等。两项为静态阻抗，两值的标定受人的主观因素影响比较大,如驾驶经验、出行目的、出行时间等,可以通过对路段的实际调查由专家评定,或由用户根据以往信息经验自己定义。

在上述路阻函数的基础上提出基于驾驶员偏好的最优路径选择模型。由于上述阻抗函数各自目标的量纲不同,因此需要对各变量进行无量纲化处理,将各变量变换为[0,1]区间上的值。方法如下:

a. 对 $f_i(t)$、$f_i(c)$、$f_i(l)$、$f_i(s)$ 采用极差化方法进行无量纲化处理,公式如下:

$$f'_j = (f_j - \min(f_j))/(\max(f_j) - \min(f_j)) \tag{7-7}$$

b. 对 A_i、$B_i \lim_{x \to \infty}$ 两项为静态阻抗,两值的标定受人的主观因素影响比较大,本书考虑将其转化为效用值(即出行者对目标的满意程度)。计算公式如下:

$$A_i = e^{-e^{\left(\frac{f-f^1}{f^0-f^1}\right)}} \tag{7-8}$$

$$B_i = 1 - e^{-e^{\left(\frac{f-f^1}{f^0-f^1}\right)}} \tag{7-9}$$

式中:f——某一可行路径的当前相应目标值;

f^0——对该路径此目标值的满意度最大值;

f^1——目标值的满意度最小值,其中 f^0、f^1 为常值,可由专家评定。

综上可得最优路径选择模型:

$$W_i = \min(\lambda_1 f'_i(t) + \lambda_2 f'_i(c) + \lambda_3 f'_i(l) + \lambda_4 f'_i(s) - \lambda_5 A'_i + \lambda_6 B'_i) \tag{7-10}$$

式中,$f'_i(t)$、$f'_i(c)$、$f'_i(l)$、$f'_i(s)$、A'_i、B'_i 分别为 $f_i(t)$、$f_i(c)$、$f_i(l)$、$f_i(s)$、A_i、B_i 经无量纲化处理后所得的子目标函数;$\lambda_1 \sim \lambda_6$ 分别为6个子目标的权重系数,即驾驶员对上述子目标的倾向性程度,满足:$\lambda_1 + \lambda_2 + \lambda_3 + \lambda_4 + \lambda_5 + \lambda_6 = 1$,且 $\lambda_1 \geq 0, \lambda_2 \geq 0, \lambda_3 \geq 0, \lambda_4 \geq 0, \lambda_5 \geq 0, \lambda_6 \geq 0$。$\lambda_1 \sim \lambda_6$ 反映了驾驶员对各子目标的偏好程度。

根据模型分析结果,可判断相关营销策略对驾驶员路径选择的影响,进而反映出营销策略的精准程度,针对精度高的结果,高速公路运营管理单位应积极采取该策略,对精度差的策略应进行及时修正或舍弃。

7.2.3 高速公路精准营销策略效能评估与反馈机制研究

随着交通方式的快速发展,高速公路运输与其他道路运输的竞争日益激烈。探讨高速公路营销策略有效性变得非常重要。本书利用斯皮尔曼相关性分析,研究不同营销策略对不同车型路径选择行为的影响,进而分析该策略的效能,并对策略进行修正与优化。

斯皮尔曼相关系数是一种衡量分类变量相关性的指标，是对数据进行假设的非参数检验，适用范围较广，对于不符合正态分布的变量也可使用，本书提出的高速公路引流效能评估指标公式为：

$$\rho_{x,y} = \frac{E[(X-\mu_x)(Y-\mu_y)]}{\sigma_x \sigma_y} = 1 - \frac{\sum d_i^2}{n(n^2-1)} \tag{7-11}$$

式中，μ_x、μ_y 分别为提出引流方案后交通量历年统计数据和正常交通量历年统计数据的均值（期望），$d_i = x_i - y_i$，这里的 $d_i = x_i - y_i$ 是分别对变量进行等级化后的运算。

根据 $\rho_{x,y}$ 的值来确定引流反馈的效果，$\rho_{x,y}$ 的取值范围为 $[-1,1]$，绝对值越大，则证明提出的引流方案对交通量的影响越大，反馈效果越好。$-1 \leqslant \rho_{x,y} < 0$ 表示引流方案与交通量呈现负相关，证明方案的提出会使交通量变小；$\rho_{x,y} = 0$ 表示引流方案与交通量没有相关性；$0 < \rho_{x,y} \leqslant 1$ 表示引流方案与交通量呈现正相关，证明方案的提出会促进交通量的增长。

7.3 高速公路收费管理策略及收费定价模型

7.3.1 高速公路收费管理策略

在服务营销中，价格是公司利润的来源，也是顾客最为关注的因素。为进一步提高高速公路网通行效率和服务水平，促进物流降本增效，2021年，交通运输部联合国家发展改革委、财政部联合印发《全面推广高速公路差异化收费实施方案》，提出各地应在深入总结高速公路差异化收费试点工作经验的基础上，充分考虑本地公路网结构及运行特点等因素，选择适合的差异化收费方式，创新服务模式，科学精准制定差异化收费方案，全面推广差异化收费。

由于各省（自治区、直辖市）情况的不同，高速公路差异化收费模式也存在差异，总体可分为以下几种：

（1）分时段差异化。选取不同时段交通流分布差异较大的高速公路（按每天24h划分时段，交通量存在明显波峰、波谷），通过调整不同时段的收费，吸引流量的同时实现错峰调流，提高道路通行效率及非高峰时期道路利用率。

（2）分车型差异化。选取整体运行效率不高的区域高速公路网，主要调整不同车型（类）普通货车或国际标准集装箱运输车辆、危险货物运输罐车等的收费政策，降低出行成本，提升区域路网运行效率。

(3)分路段(区间)差异化。选取与相邻平行路段(走向基本一致的高速公路或普通公路)流量差异较大的公路,调整不同路段的收费政策,均衡路网交通量,提高路网的整体运行效率和安全水平。

(4)区别支付方式差异化。选取 ETC 或其他非现金车辆,实行一定幅度的优惠,鼓励车辆使用先进的收费系统技术,提高高速公路的通行效率。

(5)区别行驶里程或通行频次差异化。选取特定区域的特定车辆,按照通行频次或通行公里数分档的收费优惠政策,实行"递多递减"按频次阶梯或"递远递减"按里程阶梯的收费方式,激励车辆利用高速公路。

(6)组合差异化。根据不同区域路网交通流自身特点,通过对上述五种差异化收费模式进行组合,实施叠加折扣来吸引更多流量,提升道路的利用率。

当前,已有河南、福建、云南、四川、山西、浙江等二十多个省(自治区、直辖市)相继开展了高速公路货车差异化收费的试点工作,并取得了一定成效,对物流运输成本的降低以及路网通行效率的改善具有积极作用。表 7-2 列出了我国部分省(自治区、直辖市)实施的差异化收费方式。

我国高速公路货车差异化实施方式　　　　表 7-2

省(自治区、直辖市)	差异化模式	优惠对象		优惠幅度
天津	分车型 分路段	绕城高速公路(津滨高速公路—津港高速公路段)	2类、5类货车	9.6折
山西	分路段 分通行里程	12 条路段	行驶里程50~100km(含)	25t 以上货车	8折
			行驶里程100~150km(含)		7.5折
			行驶里程150km以上		6折
湖南	分路段	娄新路段、G0422 湖南段通平、浏醴、醴茶路段	货车	7.5折
浙江	分车型 分支付方式	国有全资和控股的高速公路路段、安装并使用本省 ETC	货车	8.5折
宁夏	分车型	宁夏高速公路	3类货车	7.7折
福建	分车型 分时段	六条线路、使用 ETC	日间(8:00—20:00)	4类及以上货车	按4类收
			夜间(20:00—次日 8:00)	3类及以上货车	按3类收

续上表

省(自治区、直辖市)	差异化模式	优惠对象		优惠幅度
河南	分时段 分支付方式	每天20:00—次日6:00驶离河南高速公路收费站口	无ETC	9.5折
			货车	
			有ETC	9折
青海	分时段	每日22:00—次日7:00内通行G6高速公路(民和至湟源段)、S305民和至小峡一级公路,持ETC卡交费	货车	8折
陕西	分车型	全省高速公路	货车	9.1折
云南	分支付方式	办理使用ETC云通卡交费的用户	货车	8折
四川	分行驶里程 分车型	在全省高速公路网内连续行驶100~200km	2类、3类货车	9.5折
		在全省高速公路网内连续行驶200km以上	2类、3类货车	9折
		在全省高速公路网内连续行驶100km以内	4类及以上货车	9.5折
		在全省高速公路网内连续行驶100~200km	4类及以上货车	9折
		在全省高速公路网内行驶200km以上	4类及以上货车	8.5折

7.3.2 高速公路收费策略影响因素分析

(1)车型:不同的车型需缴纳不同的过路费。一般来说,载重量大、尺寸大的货车需要支付更高的费用,而小型乘用车则相对较低。

(2)行驶里程:车辆行驶的里程是影响过路费的重要因素,通常车辆行驶的里程越长,需要支付的过路费就越高。

(3)时间段:在某些地区,过路费会随着时间段的不同而变化。例如,高峰时段可能会设置更高的费率,以鼓励交通量的调控。

(4)道路类型:不同类型的道路收费标准也不同。例如,高速公路的过路费相对较高,而普通公路或县道的过路费一般较低。

(5)地区差异:不同地区的过路费标准也存在差异,这与地方政府的交通规划和经济发展有关。

7.3.3 高速公路收费定价模型构建

(1) 广义费用函数构建。

出行者所考虑的出行费用(广义费用)主要包括以下三方面:运行时间、行驶费用、道路收费费额。广义费用的三个构成因素均是交通量 v_a 的函数,可用下式计算确定:

$$S_a(v_a) = CP_a(v_a) + Ct_a(v_a) + Toll_a(v_a) \tag{7-12}$$

式中:S_a——路段 a 的广义出行费用(元);

CP_a——路段 a 的行驶费用(元);

Ct_a——路段 a 的车辆行驶时间费用(元);

$Toll_a$——路段 a 收费额(元)。

①CP_a 计算方法。

行驶费用主要由燃料消耗费用和车辆各种折旧费用组成。燃油消耗费用与车速有直接关系。

用如下燃油消耗-车速模型,以小客车为标准应用式(7-13)计算小客车在不同行驶速度下的燃油消耗,而其他车型的燃油消耗根据表 7-3 中所列的车辆燃油消耗折算系数由式(7-14)换算得到。

$$F = aU^2 - bU + c \tag{7-13}$$

式中,$a = 0.0171$,$b = 1.395$,$c = 54.618$。

$$F_i = \chi_i \cdot F \tag{7-14}$$

式中:F——小客车燃油消耗(L/100km);

U——车辆行驶速度(km/h);

F_i——第 i 种车型油耗;

χ_i——燃油消耗折算系数,即在相同的道路条件和行驶速度下,不同类型的车辆燃油消耗量与标准小客车燃油消耗量之比。

将油耗-车速模型与流量-车速模型相结合,即可得到路段 a 上所有车辆燃油消耗总量:

$$\sum F = \{aU_a(0)^2[1 + \alpha(v_a/C_a)^\beta]^{-2} - bU_a(0)[1 + \alpha(v_a/C_a)^{-\beta}]^{-1} + c\}v_a/100 \tag{7-15}$$

燃油消耗折算系数表 表7-3

折算系数	小客车	大客车	小货车	中货车	大货车	拖挂车
χ_i	1	1.1	1.4	0.7	1.8	2.3

基于油耗-速度关系,得出行驶费用与交通量的关系如下:

$$CP_a = \sum_{i=1}^{m} \chi_i \{aU_a(0)^2[1+\alpha(v_a/C_a)^\beta]^{-2} - bU_a[1+\alpha(v_a/C_a)^\beta]^{-1} + c\} P_f v_a p_{ai}/100 \quad (7-16)$$

式中:P_f——燃油价格(元/升);

p_{ai}——第 a 条路段 i 车型所占的比例(%);

$U_a(0)$——路段 a 上自有流时的行驶速度(km/h);

v_a——路段 a 上的流量;

C_a——路段 a 的通行能力(pcu/h);

α、β——参数,$\alpha=0.15$,$\beta=4.0$。

②Ct_a 计算方法。

$$Ct_a = E(VOT)t_a(0)[1+\alpha(v_a/C_a)^\beta] \cdot v_a \quad (7-17)$$

式中:$E(VOT)$——单位时间价值期望,即 $E(VOT)\sum_{i=1}p_i E_i(VOT)$,其中 p_i 为区域高速公路网第 i 种车型所占比例;

$E_i(VOT)$——i 型车时间价值期望值;

t_a——路段 a 上车辆平均行驶时间(h),计算公式为 $t_a = f(V_a) = \frac{l_a}{U_a(v_a)} = t_a(0)[1+\alpha(v_a/C_a)^\beta]$;

l_a——路段 a 长度(km);

$t_a(0)$——路段 a 上交通流为自由流时的行驶时间(h)。

③$Toll_a$ 的计算方法。

$$Toll(v) = E(VOT)t'(v) + CP'(v) \quad (7-18)$$

式中:$t'(v)$——流量变化引起的车辆行驶时间变化值;

$CP'(v)$——流量变化引起的车辆油耗费用变化值。

根据前面的分析,对广义费用的各构成项加以综合,不难得到广义费用与流量的关系式:

$$S_a = \sum_{i=1}^{m} \chi_i \{aU_a(0)^2[1+\alpha(v_a/C_a)^\beta]^{-2} - bU_a(0)[1+\alpha(v_a/C_a)^{-\beta}]^{-1} + c\}$$
$$P_f v_a p_{ai}/100 + E(VOT)t_a(0)[1+a(v_a/C_a)^\beta] + E(VOT)t'_a(v) + CP'_a(v) \quad (7-19)$$

在式(7-21)中广义费用对旅行时间的弹性为：

$$\mathrm{Et}_a = \frac{\partial s_a}{\partial t_a} \frac{t_a}{C_a} = \frac{E(\mathrm{VOT})t_a}{C_a} < 1 \qquad (7\text{-}20)$$

而当广义费用值用时间来代替时，即 $S_a = t_a$ 时，$E(t_a) = 1$。 (7-21)

从式(7-22)可以看出，广义费用对旅行时间缺乏弹性，旅行时间的变动虽然会引起广义费用的改变，但是引起的变化很小。而式(7-23)则说明广义费用与时间是同等幅度的变化。从这两个公式的比较可以看出，仅用时间作为路阻函数的阻抗，误差是较大的。而采用广义费用就限制了因个别变量失真而造成的误差，从而提高了模型的稳定性。

(2) 优化收费模型构建。

优化后的收费模型，可用数学公式描述如下：

$$\begin{cases} \min \sum_a v_a \left\{ \sum_{i=1}^m \chi_i \left\{ aU_a(0)^2 [1+\alpha(v_a/C_a)^\beta]^{-2} - bU_a(0)[1+\alpha(v_a/C_a)^{-\beta}]^{-1} + c \right\} \right. \\ \left. P_f v_a p_{ai}/100 + E(\mathrm{VOT}) t_a(0)[1+\alpha(v_a/C_a)^\beta] + E(\mathrm{VOT}) t'_a(v) + \mathrm{CP}'_a(v) \right\} \\ \sum_a v_a \mathrm{Toll}_a \geq \mathrm{OC} \\ \sum_r T_{ijr} = T_{ij} \\ T_{ijr} \geq 0 \end{cases} \qquad (7\text{-}22)$$

式中：T_{ijr}——从交通小区 i 到交通小区 j 经过路径 r 的流量；

v_a——路段 a 上的交通量，可按下式计算：

$$v_a = \sum_{ijr} T_{ijr} \delta_{ijra} \qquad (7\text{-}23)$$

式中：δ_{ijra}——哑元，为一个二进制变量，当从 i 点到 j 点经过路径 r 的流量通过路段 a 时，δ_{ijra} 取 1，否则取 0；

OC——道路建设支出(元)，包括收费还贷公路贷款本息、收费经营公路建设资金本息及利润、养护管理费用；

Toll_a——路段 a 收费费额。

7.4 本章小结

本章主要介绍了在数据驱动下的高速公路精细化运营管理，着重介绍了高速公路精细化运营现状以及相关研究现状，并在此基础上，提出了相关提升高速公路服务能力的办法，并构造了引流效能评估反馈机制，完善了精细化收费模型。

本章参考文献

[1] 朱佐辉.基于 Monte Carlo 的高速公路运营效益敏感性分析方法研究[D].长沙:长沙理工大学,2013.

[2] 李泽文.危险品运输多目标路径优化方法研究[D].济南:山东交通学院,2023.

[3] 侯珏.高速公路计重收费模式下费率影响和敏感性研究[D].天津:河北工业大学,2012.

[4] 陈峰林.多模式客运交通综合阻抗模型研究[J].江苏科技信息,2017(13):34-35.

[5] 郝威,张兆磊,吕能超,等.考虑自动驾驶专用车道的混合交通分配模型[J].中国公路学报,2023,36(10):317-327.

[6] 宋亚宇.基于云模型的高速公路服务质量综合评价研究[D].石家庄:石家庄铁道大学,2021.

[7] 顾卫周.汽车驾驶员心理素质对行车安全的影响[J].时代汽车,2021(23):191-192.

[8] 曹一铄.高速公路货车差异化收费定价策略研究[D].重庆:重庆交通大学,2022.

[9] 程思洁,邵晓明,李镇,等.基于双层规划模型的高速公路差异化收费定价研究[J].山东科学,2023,36(5):93-101,120.

[10] 唐歆琳,黄锦锋.基于 SEM 的客车出行者出行路径选择行为研究[J].交通工程,2023,23(4):83-87,93.

[11] 黄俊达.基于大数据的多类型城市路段阻抗建模及中观仿真验证研究[D].武汉:武汉理工大学,2021.

[12] 孔德学,敖谷昌,徐威威,等.考虑高速公路差异化收费的货车出行行为研究[J].交通运输研究,2023,9(4):84-92.

[13] 梁婧.市场营销视角下基于 4P 营销模型和 STP 营销组合的硕士招生策略研究[J].现代经济信息,2017(9):157-158.

[14] 胡廷俊.基于 4P 营销模型的高校图书馆读书类短视频运营策略研究[J].图书馆工作与研究,2022(12):113-119.

[15] 吴倩.基于标准化理论及过程方法的高速公路通行服务管理体系[J].中国标准化,2016(15):46.

第7章 数据驱动的高速公路精细化运营管理

[16] 周芦芦,苏跃江.浅析高速公路流量和收入预测的相关影响因素[J].交通与港航,2021,8(1):24-28.

[17] 常兴科,瑞白,姚俊杰,等.高速公路路段收费数据数智化管理系统设计与应用[J].交通世界,2023(22):13-17.

[18] 姜玲超.绕城高速公路服务水平研究[D].兰州:兰州交通大学,2019.

[19] 高军.简述高速公路收费管理中的问题与对策分析[J].价值工程,2022,41(24):28-30.

[20] 李志强.中交投资湖北区域高速公路服务营销策略研究[D].呼和浩特:内蒙古财经大学,2021.

[21] 陈传德,赵文义.基于级差效益的公路收费定价模型[J].长安大学学报(自然科学版),2009,29(4):39-42.

[22] 安乔治,唐洁.基于受益角度的京津冀高速公路收费定价模型构建[J].价格月刊,2016(12):15-18.

[23] 孙如龙,陆正峰,速鸣等.高速公路收费定价模式分析及建议[J].交通企业管理,2020,35(1):37-41.

[24] 曾光辉.高速公路市场化经营模式下的政府定价方法[J].粤港澳市场与价格,2009(4):10-14.

[25] LI T,SUN H,WU J,et al. Optimal toll of new highway in the equilibrium framework of heterogeneous households' residential location choice[J]. Transportation Research Part A,2017:105123-105137.

[26] 张欢,史峰,卢毅,等.弹性需求下高速公路超限补偿费率优化模型[J].中国公路学报,2012,25(4):126-132.

[27] 魏连雨,李壮.基于路网特征的高速公路计重收费费率确定[J].重庆交通大学学报(自然科学版),2014,33(6):122-126.

[28] 张萌萌.基于流量优化的区域高速公路网收费标准研究[D].黑龙江:哈尔滨工业大学,2005.

附　　录

附录1　物流企业调查问卷

此调查表仅供山东高速集团有限公司收费政策研究之用,我们将对您的一切资料严格保密。感谢您的配合!(请逐项填写如下问卷,对于选择题请在选项字母上画"√"。)

×××调查组

填表人：____　联系电话：____　填表日期：____　　年　月　日
企业名称：_____　企业地址：_____

一、物流企业概况

1. 企业性质：①国有或国有控股；②股份制；③外资或合资；④民营；⑤其他
2. 货运车辆总数为_____辆,其中,小型(载重量$Z \leqslant 3t$)_____辆,中型($3t < Z \leqslant 15t$)_____辆,大型($Z > 15t$)_____辆
3. 企业主要服务对象定位于：①制造业；②电商；③商贸业；④农产品运输；⑤其他_____
4. 主营业务：①零担运输；②整车运输；③城市配送；④集装箱运输；⑤大件运输；⑥冷链运输；⑦危险货物运输；⑧网络货运；⑨其他

二、企业出行情况

5. 企业业务覆盖范围：①省内_____(请注明开展业务的城市)；②全国_____[请注明开展业务的省(自治区、直辖市)]
6. 高速公路运输比例：①小于25%；②25%～50%；③50%～75%；④大于75%；⑤全部
7. 若企业采用高速公路运输的比例相对较低,其原因为：①有高速公路通行费；②高速公路通行费增高；③不用考虑运输时间问题；④其他公路运输一样能够保证运输效率；⑤其他因素_____

8.您认为提升高速公路使用比例的主要途径是:①降低收费;②提升高速公路服务质量(服务区、收费站等);③提供货源;④针对驾驶员开展优惠活动(积分加油、换购等);⑤采用高峰与平峰收费策略;⑥其他_____

三、企业出行信息化情况

9.出行路线选择时,您最看重什么:①里程的长短;②收费的高低;③出行时间长短;④道路是否拥堵;⑤交通安全;⑥其他_____
10.企业现有信息化方式:①企业信息化系统;②企业移动App;③社会化的App(货车帮、卡行天下等);④其他_____(请填写)
11.企业获取出行信息、物流需求信息的方式:
①定向委托;②互联网;③长期战略伙伴提供;④其他_____
12.企业对优化改善高速公路运营环境有什么建议?

问卷结束,感谢您的配合!

附录2 货运车辆驾驶员调查问卷

此调查表仅供山东高速集团有限公司收费政策研究之用,我们将对您的一切资料严格保密。感谢您的配合!(请逐项填写如下问卷,对于选择题请在选项字母上画"√"。)

×××调查组

填 表 人:　　　　联系电话:　　　　填表日期:　　　年 月 日

一、货运基本情况

1.驾驶员年龄:_____;驾驶员驾龄:_____
2.货运车辆情况:①小型货车(载重量 $Z \leqslant 3t$);②中型货车($3t < Z \leqslant 15t$);③大型货车($Z > 15t$)
3.所驾驶的车辆性质:①自有;②公司
4.是否有固定运输路线:①是;②否
5.主要运输货物类型:①普通货物;②快件货物;③鲜活货物;④农产品;⑤危险品;⑥大件货物;⑦其他_____

二、驾驶员出行情况

6. 主要货运业务：①零担运输；②整车运输；③集装箱运输；④冷链运输；⑤其他

7. 运输覆盖范围：①省内_____（请注明开展业务的城市）；

②全国_____[请注明开展业务的省（自治区、直辖市）]

8. 高速公路运输的比例：①小于25%；②25%~50%；③50%~75%；④大于75%；⑤全部

9. 若您采用高速公路运输的比例相对较低，其原因为：①有高速公路通行费；②高速公路通行费增高；③不用考虑运输时间问题；④其他公路运输一样能够保证运输效率；⑤其他因素_____

10. 您认为提升高速公路使用比例的主要途径是：①降低收费；②提升高速公路服务质量（服务区、收费站等）；③提供货源；④针对驾驶员开展优惠活动（积分加油、换购等）；⑤采用高峰与平峰收费策略；⑥其他_____

三、驾驶员出行意愿情况

11. 出行路线选择时，您最看重什么：①里程的长短；②收费的高低；③出行时间长短；④道路是否拥堵；⑤交通安全；⑥其他_____

12. 货源信息平台获取：①企业移动 App；②社会化的 App（货车帮、卡行天下等）；③其他_____（请填写）

13. 高速公路通行费率降低_____%，您愿意采用高速公路作为主要通行方式。

14. 您对优化改善高速公路运营环境有什么建议？

问卷结束，感谢您的配合！

附录3　服务区、收费站货运车辆驾驶员调查问卷

此调查表仅供山东高速集团有限公司收费政策研究之用，我们将对您的一切资料严格保密。感谢您的配合！（请逐项填写如下问卷，对于选择题请在选项字母上画"√"。）

×××调查组

2021 年 8 月

填 表 人： 　　　　联系电话： 　　　　填表日期： 　　年　月　日

一、货运基本情况

1. 驾驶员年龄：_____；驾驶员驾龄：_____
2. 货运车辆情况：①小型货车(载重量 $Z \leq 3t$)；②中型货车($3t < Z \leq 15t$)；③大型货车($Z > 15t$)
3. 所驾驶的车辆性质：①自有；②公司
4. 是否有固定运输路线：①是；②否
5. 主要运输货物类型：①普通货物；②快件货物；③鲜活货物；④农产品；⑤危险品；⑥大件货物；⑦其他_____

二、出行情况

6. 主要货运业务：①零担运输；②整车运输；③集装箱运输；④冷链运输；⑤其他
7. 运输覆盖范围：①省内_____(请注明开展业务的城市)；②全国_____[请注明开展业务的省(自治区、直辖市)]
8. 您利用高速公路出行，最主要的原因：①时间短；②不拥堵；③出行安全；④服务设施(服务区、停车区)好；⑤其他_____
9. 您利用高速公路运输的比例：①小于 25%；②25% ~ 50%；③50% ~ 75%；④大于 75%；⑤全部
10. 若您采用高速公路运输的比例相对较低，其原因为：①有高速公路通行费；②高速公路通行费增加；③不用考虑运输时间问题；④其他公路运输一样能够保证运输效率；⑤其他因素_____

三、出行意愿情况

11. 高速公路收费标准调整后，您的通行费的变化情况：①无明显变化；②部分增高；③部分下降；④全部增高；⑤全部下降
12. 您希望高速公路进一步提升哪些服务：①降低收费；②提升高速公路服务质量(服务区、收费站等)；③提供货源；④针对驾驶员开展优惠活动(积分加油、换购等)；⑤采用高峰与平峰收费策略；⑥其他_____

13. 货源信息平台获取：①企业移动 App；②社会化的 App（货车帮、卡行天下等）；③其他_____（请填写）

14. 您对优化改善高速公路运营环境有什么建议？

问卷结束，感谢您的配合！

附录4 客运车辆交通调查问卷

此调查表仅供山东高速集团有限公司收费政策研究之用，我们将对您的一切资料严格保密。感谢您的配合！（请逐项填写如下问卷，对于选择题请在选项字母上画"√"。）

×××调查组

调研时间：_____ 调研地点：_____

1. 驾驶员与车辆属性

(1) 年龄[单选]：
　　□25 岁以下
　　□25～30 岁
　　□30～35 岁
　　□35～40 岁
　　□45～50 岁
　　□50 岁以上

(2) 是否已婚[单选]：
　　□是
　　□否

(3) 客车类型[单选]：
　　□大型客车
　　□中型客车
　　□小型客车

(4) 荷载人数[单选]：
　　□9 人及以下
　　□10～19 人
　　□19～29 人

□30 人及以上

(5) 平均满座率[单选]：

　　□25% 及以下

　　□25%～50%

　　□50%～75%

　　□75% 以上

2. 客运出行属性

(6) 出发地点：_____

(7) 目的地点：_____

(8) 高速公路上路收费站口：_____

(9) 高速公路下路收费站口：_____

(10) 运输业主[单选]：

　　□企业

　　□个人

如果运输业主为企业，请填写企业名称：_____

(11) 路桥费承担方[单选]：

　　□企业

　　□个人

(12) 每周客运次数：_____

(13) 每周行驶于高速公路的次数：_____

(14) 通常停靠的服务区：_____

3. 影响交通路径选择的因素

(15) 路径选择影响因素[多选]：

　　□出行费用

　　□行程时间

　　□舒适性

　　□安全性

(16) 单次行程(走国省道)花费时间[单选]：

　　□小于 2.5h

　　□2.5～3h

　　□3～3.5h

　　□3.5～4h

　　□4～4.5h

☐4.5~5h

☐大于5h

(17) 单次行程(走高速公路)花费时间[单选]：

☐小于2.5h

☐2.5~3h

☐3~3.5h

☐3.5~4h

☐4~4.5h

☐4.5~5h

☐大于5h

(18) 单次行程(行驶于国省道)油耗费用_____

(19) 单次行程(行驶于高速公路)油耗费用_____

(20) 单次行程(行驶于高速公路)济青高速公路通行费_____

4. 收费调整影响分析

(21) 您认为应该按照下列哪种方式调整收费[多选]：

☐按照高速公路行驶距离调整收费标准

☐按照高速公路行驶路段区间调整收费标准

☐按照高速公路行驶时段(白天/夜间)调整收费标准

☐按照拥堵时段(高峰时段/非高峰时段)调整收费标准

☐按照高速行驶频率(单周内上几次高速)调整收费标准

(22) 若收费标准变化，您是否会调整路线[单选]

☐是

☐否

☐根据调整情况而定

策划编辑：崔 建
责任编辑：崔 建
封面设计：北京方装帧设计

数据驱动下的
高速公路交通状态评价与运营服务优化技术

人民交通出版社旗舰店　　官方微信公众号

ISBN 978-7-114-19674-4

定价：78.00元